당신이 선점할 수 있는
마지막 시장, 인도 투자 전략

10억이
열린다

일러두기

1. 이 책에서 제공하는 기업 및 산업 등에 대한 전망은 저자 개인의 의견입니다. 투자 의사 결정 시 반드시 본인의 판단에 따라 선택하시기를 권고합니다.
2. 책 속에서 언급되는 회계연도는 인도의 회계연도(전년 4월~당해년 3월)를 따르고 있습니다. 이밖의 수치는 2022년 4월 29일 업데이트 자료를 참고해 반영했습니다.
3. 화폐 단위는 루피(INR), 달러(USD), 원(KRW), 위안(CNY)을 사용했으며, 독자의 이해를 돕기 위해 원화로 대략적인 금액을 환산해 표기했습니다.
4. 기업 재무제표는 연결 기준 실적으로 작성되었습니다.

10억이 열린다

초판 1쇄 발행 2022년 8월 22일
초판 2쇄 발행 2022년 12월 19일

지은이 김민수

펴낸이 조기흠
편집이사 이홍 / **책임편집** 박의성 / **기획편집** 정선영, 박단비, 전세정
마케팅 정재훈, 박태규, 김선영, 홍태형, 임은희, 김예인 / **디자인** 박정현 / **제작** 박성우, 김정우

펴낸곳 한빛비즈(주) / **주소** 서울시 서대문구 연희로2길 62 4층
전화 02-325-5506 / **팩스** 02-326-1566
등록 2008년 1월 14일 제25100-2017-000062호

ISBN 979-11-5784-602-3 13320

이 책에 대한 의견이나 오탈자 및 잘못된 내용에 대한 수정 정보는 한빛비즈의 홈페이지나
이메일(hanbitbiz@hanbit.co.kr)로 알려주십시오. 잘못된 책은 구입하신 서점에서 교환해드립니다.
책값은 뒤표지에 표시되어 있습니다.

⌂ hanbitbiz.com   facebook.com/hanbitbiz   post.naver.com/hanbit_biz
 youtube.com/한빛비즈   instagram.com/hanbitbiz

지금 하지 않으면 할 수 없는 일이 있습니다.
책으로 펴내고 싶은 아이디어나 원고를 메일(**hanbitbiz@hanbit.co.kr**)로 보내주세요.
한빛비즈는 여러분의 소중한 경험과 지식을 기다리고 있습니다.

10

당신이 선점할 수 있는
마지막 시장, 인도 투자 전략

억이
열린다

김민수 지음

H3 한빛비즈
Hanbit Biz, Inc.

지금이야말로
인도에 투자할 때

15년간 증권사 애널리스트와 기업 펀딩 및 IPO 담당자로 일하면서 글로벌 투자자들과 소통해왔습니다. 가장 최근의 직장생활은 인도의 핀테크Fintech 기업이었는데, 2019~2020년 근무 당시 펀딩 유치를 위해 참석했던 리스본 웹서밋Websummit, 싱가포르 핀테크 페스티벌Singapore Fintech Festival 등의 핀테크 콘퍼런스에서 인도 핀테크산업에서 일한다는 간단한 소개만으로 일주일 치 미팅 스케줄이 글로벌 투자기관으로 가득 차는 경험을 한 적이 있습니다.

　중국을 제치고 전 세계 최대 인구 국가로 등극할 인도, 산업혁명 수준의 변화가 본격화되고 있는 인도에 대한 투자기관들의 관심은 저의 기대를 초월하는 수준이었습니다. 이들은 인도에서 어떤 사회적, 경제적 변화가 일어나고 있는지 궁금해했습니다. 엄청난 성장성을 가진 미개척 국가라는 것은 다들 짐작했지만 현재 인도에서 어떤 변화가 일어나고 있는 지에 대해서는 자세한 정보가 없었기 때문입니다.

저는 이 책을 통해 글로벌 투자 은행IB 리포트에서조차 잘못된 정보로 분석되고 있는 인도의 현재 변화 상황과 그에 따른 투자 기회를 국내 투자자들에게 알려주고자 합니다. 산업혁명 수준의 변화가 일어나고 있는 인도가 세계에서 가장 매력적인 투자처로 급부상한 지금이 다시는 오지 않을 최적의 투자 기회라고 판단하기 때문입니다.

14억 인도 국민 중 은행 등 금융기관과 거래(대출 포함)를 하지 않거나 못하고 있는 금융소외층Unbanked 또는 Underbanked이 10억 명에 달합니다. 소비 규모 확대를 통해 경제를 성장시켜야 하는 인도 정부의 입장에서는 오직 현금 거래만 가능한 금융소외층이 가장 큰 걸림돌이었습니다.

하지만 이러한 인도의 사회·경제적 문제들은 가파르게 상승하고 있는 인터넷 보급률과 핀테크 산업의 본격적인 성장으로 최근 빠르게 해소되고 있습니다. 2016년 20% 중반 수준이었던 인터넷 보급률은 2021년 60% 수준까지 높아졌고, 스마트폰 사용 인구도 2016년 약 2.5억 명에서 2021년 5억 명을 넘어섰습니다. 그리고 이를 기반으로 성장한 인도 핀테크 기업들은 이제 인도 국민들의 생활을 변화시키고 있습니다.

길거리 상점을 돌아다니다 보면 많은 인도인들이 현금이 아니라 앱을 통해 결제하는 모습을 쉽게 접할 수 있습니다. 저도 인도 근무 당시 인도 최대 핀테크 앱인 페이티엠Paytm을 다운받아 직접 결제하곤 했습니다.

인도는 현금사회에서 전통적인 은행 시스템을 건너뛰고 디지털금융 사회로 빠르게 전환하고 있는 중입니다. 이러한 변화는 실제 데이터를 통해 확인할 수 있습니다. 2020년 인도의 UPI(은행 간 통합 결제 인터페이스) 디지털 거래 건수는 최소 255억 건으로 중국 157억 건, 한국 60억 건을 크게 상회하며 세계 최대를 기록했습니다. 또한 2020년 12월에는 UPI P2M(개인이 상점에서 UPI로 결제) 거래 금액이 사상 처음으로 신용카드 및 직불카드 사용액을 초과했습니다. 오프라인 상점들의 디지털화가 혀를 내두를 정도로 빠르게 진행되고 있는 것입니다.

인도의 사회·경제 변화는 외국인 직접투자Foreign Direct Investment, FDI 증가로 이어지고 있습니다. 2021년(회계연도 기준) 인도에 유입된 외국인 투자 자금은 전년 대비 10% 증가한 817.2억 달러(투자에서 발생한 이익 재투자 포함)를 기록했습니다. 이 시기 FDI가 증가한 국가는 인도와 중국이 유일했는데, 코로나 팬데믹으로 인해 같은 기간 글로벌 FDI가 전년 대비 42% 감소했던 상황임을 감안하면 괄목할 만한 성과입니다.

외국인 직접투자가 어디로 향했는지를 살펴보면 국내 투자자들이 인도의 어떤 산업과 기업에 주목해야 할지 알 수 있습니다. 회계연도를 기준으로 2021년 FDI 총 투자액 817.2억 달러 중 최소 210억 달러 이상이 릴라이언스지오플랫폼Reliance Jio Platforms 등 디지털·통신산업에 투자되었으며, 전기전자, 자동차, 제약, 인프라, 서비스산업 등에도 각각 투자되었습니다. 즉, 글로벌 기업과 투자사들도 급속도로 진행되는 인도의 디지털 사회 전환이 인도 내구소비재산업의 성장으로 이어질 것이라 예측한 것입니다.

인도 내구소비재시장의 성장 전망은 중국 시장과 비교해보면 답을 얻을 수 있습니다. 인도의 2021년 1인당 국민소득은 2,277달러로 중국의 2006년도와 비교됩니다. 그런데 승용차 판매량의 경우 약 300만 대 수준으로 2006년 중국 승용차 판매량(약 520만 대)에 크게 미치지 못했습니다. 인도 승용차 판매량이 소득 대비 낮은 수준인 것입니다.

차량 구매 시 부과되는 높은 세금(통합간접세 등)과 열악한 도로 인프라 등도 이유가 될 수 있겠지만, 인도 인구의 약 70%에 달하는 금융소외층이 가장 큰 이유라고 판단합니다. 인도에서는 승용차 구매의 75~80%가 대출이나 할부로 진행되는데, 실제 시중 은행 등 금융기관에서 대출을 받을 수 있는 인구수는 전체 인구의 10% 수준(약 1억 4,000만 명)에 불과하기 때문에 승용차시장 성장에 한계가 있었던 것입니다.

하지만 지난 몇 년간 급격하게 성장한 핀테크 기업들 덕분에 이러한 문제가 빠르게 해소되고 있습니다. 핀테크 기업들이 금융소외층에게 온라인 계좌를 개설해주고, 자체 대안 신용평가 모델에 기반해 신용등급이 없는 이들에게 대출도 제공하면서 더 많은 인도 국민이 디지털금융을 이용할 수 있게 되었기 때문입니다. 승용차와 상용차를 포함한 인도 자동차산업의 수요 성장이 기대되는 이유입니다.

같은 이유로 인도 가전제품산업의 성장 전망도 밝습니다. 중국의 백색가전제품 소비 성장률은 2003~2010년까지 연평균 10%를 상회하는 성장세가 지속되었는데, 당시는 중국의 1인당 국민소득이 약 1,300달러에서 4,600달러까지 성장한 시기였습니다. 도시 지역 백색가전 보급률이 100%에 달할 때까지 높은 성장률을 보인 것입니다.

인도의 현재 모습은 이 시기의 초입이라고 판단됩니다. 인도의 도시 지역 백색가전 보급률은 냉장고를 제외하고는 50% 미만에 머물러 있으며, 1인당 국민소득도 2,000달러 수준이기 때문입니다. 디지털사회로의 빠른 전환은 규모 있는 소비를 가능케 할 것이고, 이는 곧 인도 가전제품 시장의 수요 성장을 이끌 것이라 전망합니다.

지난 몇 년간 많은 글로벌 기업들의 생산 기지가 인도로 이전했습니

다. 이는 2014년 나렌드라 모디^{Narendra Modi} 총리가 집권한 후 발표한 제
조업 진흥책 '메이크 인 인디아^{Make in India}'가 큰 역할을 했습니다. 인도 정
부는 '메이크 인 인디아' 정책 설계 이후 '수입관세 인상', '법인세율 인하',
'생산량 연계 인센티브' 등을 연달아 발표했는데, 이는 인도 소비시장을
공략하는 글로벌 기업들이 인노 현지에서 생산하지 않으면 가격 경쟁력
을 가질 수 없게 하기 위한 것이었습니다. 이후 애플, 삼성 등 많은 글로
벌 기업들이 인도로 생산 기지를 이전하고 있습니다.

제조업 진흥책인 '메이크 인 인디아'는 2014년 모디 정부 집권 후 첫 주
요 정책이었습니다. 2014년 인도 GDP에서 서비스산업이 차지하고 있는
비중이 약 60%였는데 고용은 28%에 그쳤고, 상품무역적자도 확대되고
있는 상황이었습니다. 모디 정부는 경제 파급효과가 큰 제조업 부양을
위해 제조업의 GDP 기여도 확대(2014년 15%에서 2025년 25%까지)를 목표
로 하는 정책을 설계했던 것입니다.

제조업 진흥책 발표 그다음 해인 2015년에는 인도가 디지털사회로 빠
르게 전환하는 데 큰 기여를 한 '디지털 인디아^{Digital India}' 정책이 발표되
었습니다. 이 정책은 10억 명에 달하는 사회·금융소외층을 해소하고 내
수 소비를 촉진하기 위한 것이었는데, 인도가 현금사회에서 디지털금융
사회로 성공적으로 이동하는 데 가장 큰 역할을 했습니다.

'디지털 인디아' 정책 발표 6년 만인 2021년 기준 인도의 인터넷 보급률과 스마트폰 사용 인구 비중은 약 60%, 38%까지 각각 높아졌고, 디지털 결제(UPI)는 2017~2021년(이하 회계연도 기준) 연평균 400%, 소매 결제 금액은 2015~2021년 연평균 18% 성장했습니다. 디지털사회로의 성공적인 전환을 통해 금융소외층 문제를 해소하고 소비 성장을 이끌어낸 것입니다.

인구수와 구성비도 매력적입니다. 인도의 인구수는 2021년 말 기준 약 13억 9,000만 명으로 중국의 턱밑까지 쫓아왔습니다. 2026년 이후에는 중국을 따라잡을 것이라는 시장의 전망도 있습니다. 인구 구성비는 피라미드형으로 2021년 기준 평균 연령이 28세에 불과합니다. 이는 시간이 흐를수록 노동 가능 인구와 소비 가능 인구가 증가할 수 있음을 의미합니다. 또한 인도의 젊은 인구 구조는 디지털금융 시스템을 빠르게 수용하는 데 있어 다른 국가 대비 유리한 상황입니다.

이 책에는 그동안 인도 경제 성장의 발목을 잡았던 10억 명의 금융소외층에 대한 금융 포용이 디지털 산업혁명을 통해 급속도로 진행되고 있는 모습이 상세히 기록되어 있습니다. 또한 산업혁명과 같은 거대한 변화에 국내 투자자들이 기회를 포착할 수 있도록 수혜가 예상되는 기업 및 주요 산업에 대한 소개도 실었습니다. 국내 개인 투자자가 인도 증권 거래소(BSE와 NSE)에 상장된 기업에 직접 투자하는 것은 아직 어렵기에 (2021년 말 기준) 한국과 미국, 유럽 등에 상장되어 있는 인도 관련 ETF 및 주요 기업 DR(주식예탁증서)을 통해 인도에 손쉽게 투자하는 방법도 소개하고 있습니다.

이 책이 현금사회에서 디지털금융사회로 급변하고 있는 인도를 배울 수 있는 기회가 되길 바라며, 다시 오지 않을 최적의 인도 투자 기회도 선점할 수 있기를 기원합니다.

2022년 7월
저자 김민수

머리말_지금이야말로 인도에 투자할 때 _ 4

 인도, 10억의 미래가 열린다

1장 미국, 중국 시장이 계속 답이 될 수 있을까? _ 16
2장 글로벌 투자자가 인도에 주목하는 이유 _ 27

 인도의 제조업 진흥책 '메이크 인 인디아'

3장 모디 총리, 인도를 '아시아 제조 허브'로 만들다 _ 36
4장 본격적인 기지개를 켜고 있는 인도 제조산업의 지금 _ 44

 '메이크 인 인디아'를 완성하는 '디지털 인디아'

5장 '디지털 인디아'로 완성되는 제조업 진흥책 _ 70
6장 디지털사회 전환으로 10억 미개척 시장이 열리다 _ 74
7장 산업혁명 수준의 변화를 만들어낸 '디지털 인디아' _ 87
8장 릴라이언스지오, 인도 모바일 데이터 혁명을 이끌다 _ 91
9장 핀테크, 인도인의 생활을 바꾸다 _ 115

10장 금융소외층 문제 해결을 통해 시장을 확대해나가는 페이티엠 _ 127

11장 세계에서 가장 빠르게 성장하는 인도 전자상거래시장 _ 142

12장 인도 이커머스시장의 지배자들_아마존인디아와 플립카트 _ 147

국내 투자자들은 어떻게 인도에 투자할 수 있을까?

13장 인도 주식시장 이해하기 _ 158

14장 인도 투자 관련 주목해야 할 기업1. 릴라이언스인더스트리 _ 175

15장 인도 투자 관련 주목해야 할 기업2. HDFC뱅크 _ 184

16장 인도 투자 관련 주목해야 할 기업3. 인포시스 _ 192

17장 인도 투자 관련 주목해야 할 기업4. 위프로 _ 198

18장 인도 투자 관련 주목해야 할 기업5. 타타모터스 _ 203

19장 인도 투자 관련 주목해야 할 기업6. L&T _ 210

20장 인도 투자 관련 주목해야 할 기업7. 아마존 _ 216

21장 인도 투자 관련 주목해야 할 기업8. 애플 _ 224

22장 인도 투자 관련 주목해야 할 기업9. 메타플랫폼 _ 232

23장 인도 투자 관련 주목해야 할 기업10. 테슬라 _ 240

부록_투자자들이 참고할 만한 유용한 사이트 _ 249

1부

인도,
10억의 미래가
열린다

1장

미국, 중국 시장이
계속 답이 될 수 있을까?

2022년부터 전 세계적인 금리 인상이 본격화되고 있습니다. 엄청난 유동성으로 고髙 밸류에이션을 받았던 모든 기업들이 주가 조정을 받아 기업가치(또는 시가총액)가 하락했습니다. 금리 인상으로 기업의 미래 현금흐름의 현재가치가 감소하면서 기업가치가 하락한 것입니다.

따라서 지금과 같은 금리 인상 시기에는 기업의 '실적 성장성' 그리고 해당 시장Market의 '성장 잠재력'이 어느 때보다 중요해지고 있습니다.

그렇다면 현재 많은 기업과 글로벌 투자기관들의 관심을 받는 성장 시장은 어디일까요?

차세대 성장 시장으로 주목받기 위해서는 경제 패러다임 변화가 빠르게 진행되고 동시에 이를 지원하는 정부 정책과 많은 소비·노동 인구가 바탕이 되어야 합니다. 미국 등 선진국의 경우 4차 산업혁명이 이머징마켓 대비 빠르게 진행되어 소셜미디어, 디지털금융, 이커머스산업 등의 실적 성장률과 주요 사업 지표는 현재 눈에 띄게 둔화된 상황입니다. 오히려 인도 등 아시아 신규 시장에서의 성장률이 이를 앞지르고 있습니다. 많은 글로벌 기업의 경영진들은 자신의 경영 평가 기준이 되는 기업 가치(시가총액) 부양을 위해서라도 신규 시장에 눈을 돌릴 수밖에 없는 것입니다.

그렇다면 어떤 시장이 글로벌 기업들의 주목을 가장 크게 받고 있을까요? 글로벌 기업들의 주목을 받고 있는 신규 시장은 아직도, 그리고 앞으로도 '중국'일까요?

중국의 4차 산업은 강력한 공산당 정치를 바탕으로 다른 선진국들과 비교할 수 없을 정도로 빠르게 성장할 수 있었습니다. 하지만 우리는 '공산당 리스크'에 주목해야 합니다.

실제로 중국의 정치 체제는 중국 주식시장의 할인 요인이 되기도 합니다. 2021년 8월에 열린 베이다이허 회의에서 시진핑 국가주석은 분배를 강화하는 '공동부유'를 발표했습니다. 사회주의의 본질적 요구인 공동부유를 위해 과도한 소득을 포함해 부유층과 기업이 차지하는 몫을 합리적으로 조절하겠다는 것입니다. 즉, 국가가 기업의 배당률, 연봉 상승률, 제품 판매 가격 등을 관리하겠다는 의미입니다.

실제로 이 발표 이후 중국 대형 IT 기업과 바이오 기업, 사교육 기업, 부동산 기업, 중국에 진출한 글로벌 기업들의 주식 가격은 큰 폭으로 조정되었습니다. 또한 중국 최대 IT 플랫폼 기업인 텐센트^{Tencent}, 알리바바 ^{Alibaba} 등 주요 기업들이 시진핑 발표 직후 엄청난 규모의 보유 현금을 기부해 공동부유 프로젝트에 참여하겠다고 밝혔습니다.

현실화된 '공산당 리스크'는 중국에서 투자자들을 떠나게 하고 있습니다. 소프트뱅크의 손정의 회장도 2021년 8월에 열린 실적 발표에서 중국 당국의 규제가 너무 광범위해지고 예측할 수 없다며 당분간 중국 기업에 대한 신규 투자를 중단할 계획이라고 밝혔습니다. 중국 기업의 이익 성장에 대한 우려가 있는 것입니다.

—

글로벌 투자자들의 눈은 어디로 향해 있는가?

증권사 애널리스트와 기업 펀딩 및 IPO 전문가로 일하면서 수많은 글로벌 투자자(상장사 및 비상장사 투자)를 만날 수 있었습니다. 특히 업무상 참석했던 메릴린치 콘퍼런스나 웹서밋 같은 글로벌 콘퍼런스에서는 글로벌 투자자금의 흐름뿐만 아니라 그들이 왜 지금 인도에 주목하는지 확인할 수 있는 소중한 기회였습니다.

당시 참석했던 콘퍼런스에서 글로벌 투자자들의 인도에 대한 뜨거운 관심을 확인할 수 있었습니다. 웹서밋, 싱가포르 핀테크 페스티벌 참석 당시에는 회사 소개를 포함한 참가 신청서 제출과 동시에 일주일 치 미팅 스케줄이 잡혔고, 콘퍼런스 현장에서도 인도 핀테크 기업에서 일한다는 소개만으로 큰 주목을 받았습니다. 당시 소속되었던 인도 핀테크 기업은 규모가 그리 크지 않은 스타트업이었음에도 불구하고 투자자들의 관심은 기대 이상이었던 것입니다.

　글로벌 투자자들의 공통 질문은 인도 내 인터넷 보급률, 스마트폰 사용 인구, 소비 가능 인구, 금융 거래를 하는 인구수 등에 관한 것이었습니다. 그리고 인도의 금융소외층 및 라스트마일Last Mile에 대한 해결이 어떻게 진행되고 있는지도 궁금해했습니다.

　중국에 버금가는 인구수와 평균 연령 28세의 매력적인 인구 구성비를 고려할 때, 인도는 세계에서 가장 큰 소비 국가로 성장할 수 있는 잠재력을 충분히 보유하고 있습니다. 하지만 낮은 인터넷 보급률과 10억 명에 달하는 금융소외층 등으로 인해 인도 소비시장 규모가 투자자의 기대에 미치지 못했던 것이 사실입니다. 글로벌 투자자들은 인도 핀테크 기업과의 미팅을 통해 인도의 성장을 가로막고 있던 이러한 문제들이 해소되고 있는지 직접 점검하고 투자 결정을 하고 싶어 했던 것입니다.

　이러한 투자자들의 관심은 외국인 직접투자FDI 성장률로 증명되고 있습니다. 최근 몇 년간 인도에 대한 FDI는 엄청난 속도로 증가했습니다. 투자자들이 우려했던 낮은 인터넷 보급률, 10억 명에 달하는 금융소외층, 부족한 제조업 인프라 등의 문제가 해소되고 제조업 및 4차 산업의 성장이 인도에서 본격화되고 있기 때문입니다.

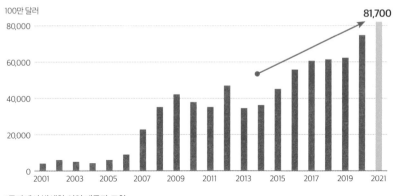

● **차트1** **인도에 대한 외국인 직접투자*의 가파른 상승세**(2001~2021년, 회계연도 기준)

*투자에서 발생한 이익 재투자 포함

출처: InvestIndia, DPIIT.

　인도는 2021년(회계연도 기준) 세계에서 가장 높은 FDI 성장률을 기록한 국가였습니다. 차트1은 매년 인도가 유치한 외국인 직접투자액(투자에서 발생한 이익 재투자 포함)을 보여주고 있습니다. 2014년 친親기업 성향의 모디 총리가 집권한 이후 지속적인 상승세를 이어오고 있습니다.

　2014년 4월부터 2021년 3월까지 7년간 외국인 직접투자의 연평균 성장률은 10.4%를 기록했습니다. 흥미로운 점은 나렌드라 모디 총리 집권 직후 5년(2014년 4월~2019년 9월) 동안 인도는 외국인 직접투자로 3,190억 달러를 유치했는데, 이는 2000년 4월부터 2021년 3월까지 21년 동안 인도가 유치한 투자금 7,635억 달러의 42%를 차지한다는 사실입니다. 모디 총리 집권 후 대규모 외국인 자금이 본격적으로 인도로 유입되고 있는 것입니다.

특히 2021년(회계연도 기준)에는 코로나 팬데믹으로 인도 대형 민간 은행들이 모라토리엄을 선언하는 등 경제가 마비된 시기가 있었음에도 불구하고 인도에 실제 유입된 외국인 투자는 전년 대비 10% 증가한 817억 달러를 기록했습니다.

외국인이 투자한 산업과 기업을 살펴보면 흥미롭습니다. 인도 디지털·통신 기업인 릴라이언스지오플랫폼(이하 지오플랫폼)이 페이스북(현 메타플랫폼)과 구글로부터 각각 투자받은 57억 달러(4월), 45억 달러(7월)를 포함해 2020년에만 13개 투자기관으로부터 약 210억 달러의 투자를 성공적으로 유치함으로써 2020년 인도 외국인 직접투자 유치에 가장 큰 기여를 한 기업이 되었습니다. (당시 페이스북과 구글은 지오플랫폼의 가치를 580억 달러로 산정했습니다.) 글로벌 투자자들이 인터넷 인프라 투자에 가장 먼

● **그림1** **릴라이언스인더스트리의 지배 구조**(통신/디지털 자회사)

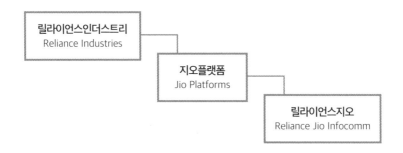

저 지갑을 연 것입니다. 투자가 유입된 다른 산업을 살펴보면 전기전자, 자동차, 인프라, 제약 등이었습니다.

릴라이언스지오가 4G 모바일 브로드밴드 서비스를 첫 시작한 2016년 하반기만 해도 인도의 인터넷 보급률은 20% 초중반 수준에 그쳤습니다. 하지만 막대한 모그룹(릴라이언스인더스트리) 자금을 바탕으로 릴라이언스지오가 모바일 4G 데이터 서비스를 무료로 제공(6개월간)하기 시작하면서 2017년 인도의 인터넷 보급률은 36%까지 상승했습니다.

2020년 인도 기업 중 가장 많은 해외 투자 자금을 유치한 지오플랫폼은 인도에서 시가총액이 가장 큰(2022년 3월 말 기준) 릴라이언스인더스트

●**차트2 코로나 팬데믹 기간**(2020년) **국가별 FDI 증가율***(%)

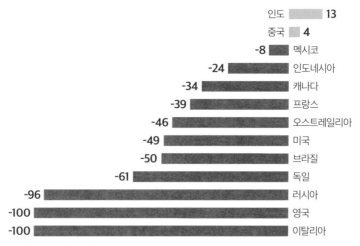

인도 13
중국 4
-8 멕시코
-24 인도네시아
-34 캐나다
-39 프랑스
-46 오스트레일리아
-49 미국
-50 브라질
-61 독일
-96 러시아
-100 영국
-100 이탈리아

*투자 유입 금액 기준(투자에서 발생한 이익 재투자 제외)

출처: UNCTAD Report

리^{Reliance Industries}의 자회사이자 그룹 내 통신(릴라이언스지오) 및 디지털 사업을 총괄하는 홀딩 회사입니다. 릴라이언스지오는 2016년 4G 서비스 출시 후 4년도 되지 않는 기간 동안 4억 명의 신규 가입자를 확보하며 1위 이동통신업체로 성장했습니다.

인도에 투자한 국가별 순위(2020년)를 살펴보면 싱가포르와 미국이 각각 1, 2위를 기록했습니다. 아시아 금융 허브인 싱가포르를 통해 글로벌 자금이 유입되고 있으며, 미국 국적의 글로벌 기업들도 앞다퉈 인도에 투자를 집행하고 있는 것입니다.

특히 2020년에는 코로나 팬데믹으로 글로벌 FDI가 전년 대비 40% 이상 감소했음에도 불구하고 인도가 유일하게 두 자릿수 성장을 기록했는데, 같은 기간 FDI가 증가한 국가는 인도와 중국이 유일했습니다. 2014년 모디 총리 집권 이후 기업 친화적인 정책 발표와 발 빠른 산업 및 디지털 인프라 조성으로 인도가 글로벌 투자자들의 최선호 투자 지역 중 하나가 되고 있는 것입니다.

―――

글로벌 투자자들이 바라보는 인도, 중국, 한국

그렇다면 글로벌 투자자들은 미래 투자처로서 중국과 한국을 어떻게 바라보고 있을까요? 이를 판단하기 위해 GDP 대비 FDI 흐름을 차트3에서

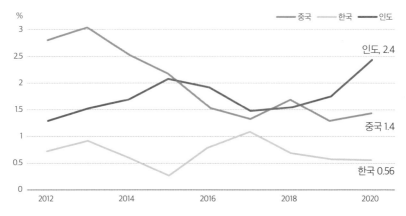

*FDI Net Inflow 기준(Net Inflow는 해당 국가 내 신규 투자 유입 마이너스 투자 회수)

출처: Worldbank

살펴봤습니다.

흥미로운 트렌드 중 하나는 중국의 GDP 대비 FDI 비율이 2010년 4.0%에서 2020년 1.4%까지 크게 하락했다는 점입니다. 같은 기간 중국의 GDP가 약 2.4배 성장했는데 FDI는 약 40% 성장에 머물렀습니다. 중국 정부의 각종 규제와 인건비 등 원가 상승에 따른 제품 가격 경쟁력 상실 등의 이유로 투자자들의 관심이 식어가고 있다고 판단됩니다. 또한 2021년 8월 시진핑 주석이 발표한 '공동부유'를 감안할 때 단기간 내에 이 지표의 급격한 추세 전환을 기대하기는 힘들 것으로 전망됩니다.

한국의 상황은 어떨까요? 2020년 한국의 GDP 대비 FDI 비율은 0.56%

● **차트4 주요 국가 주가 수익률 비교**(2014년 1월 3일~2022년 7월 1일)

출처: Bloomberg

로 중국, 인도와 비교했을 때 크게 낮은 수준이었습니다. 글로벌 투자자들은 한국 시장에 대해 보수적으로 전망하고 있는 것입니다. 한국은 반도체나 자동차 부품 같은 중간재 수출 비중이 GDP의 약 70%를 차지하는데, 이로 인해 대외불확실성이 높습니다. 시시때때로 바뀌는 외교 환경과 글로벌 보호무역주의에 취약한 구조이기 때문에 글로벌 투자자들의 한국에 대한 투자 관심도는 낮을 수밖에 없습니다.

각 국가별 주가 지수에도 이 차이는 선명하게 나타나고 있습니다. 인도의 경우 나렌드라 모디 총리 집권 첫해인 2014년부터 2022년 6월까지 NIFTY50 상승률은 154%를 기록했습니다. 이는 같은 기간 코스피(18%), 상하이 지수(63%)뿐만 아니라 S&P500(109%)의 상승률을 크게 앞서는 수치입니다.

산업혁명 수준의 변화가 시작된 인도에 글로벌 투자 자금이 몰리고 있는 것입니다.

2장

글로벌 투자자가
인도에 주목하는 이유

앞서 살펴본 것처럼 인도에 대한 외국인 직접투자는 회계연도 기준으로 2001년부터 2021년까지 20년 동안 연평균 16.2% 성장했으며, 2021년에는 코로나 팬데믹에도 전 세계 국가 중 최대 증가율을 기록했습니다.

　인도에 대한 글로벌 투자자들의 관심이 이렇게 큰 이유는 무엇일까요? 첫 번째는 인도가 떠오르는 세계 최대 성장 시장이라는 점입니다. 현재 최대 시장인 중국과 비교될 만한 인구수와 중국보다 매력적인 인구 구성비가 세계 최대 성장 시장의 바탕이 되고 있습니다. 균형 잡힌 인구 구성비Demography, 자유민주주의Democracy가 기본이 되는 시장경제 그리고 약 14억 인구를 바탕으로 하는 내수 수요와 정부 지원책 및 규제 완화Demand&Deregulation, 이 4개의 'D'가 해외 자본에게 매력적인 요소로 작용하고 있는 것입니다.

특히 최근 인도에 대한 글로벌 투자자들의 투자는 이전에 경험해보지 못한 규모로 진행되고 있습니다. 지난 5년간(2016년 4월~2021년 3월) 총 3,393억 달러의 외국 자본이 인도에 투자되었는데, 이는 21년간(2000년 4월~2021년 3월) 인도가 해외로부터 투자받은 금액의 44%에 해당하는 규모입니다.

글로벌 투자자들은 바로 지금이 인도에 투자할 좋은 기회라고 판단하고 있습니다. 이들이 투자 결정에 참고하는 중요한 지표들이 뚜렷이 개선되고 있기 때문입니다.

글로벌 투자자들이 인도의 어떤 산업에 투자했는지 살펴보면 이들의 관심을 파악할 수 있습니다. 2021년(회계연도 기준) 인도에 유입된 FDI 817.2억 달러 중 최소 210억 달러 이상이 지오플랫폼을 포함한 인도 디지털·통신산업에 투자되었으며, 전기전자, 자동차, 제약, 서비스, 인프라산

● **차트5** **최근 5년간 큰 폭으로 증가한 인도 FDI**(회계연도 기준)

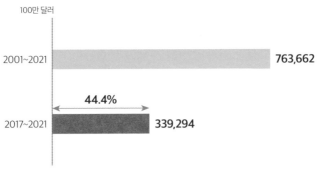

출처: Invest India, DPIIT.

업 등이 뒤를 이었습니다. 즉, 글로벌 투자자들은 빠르게 진행되고 있는 인도의 디지털사회 전환이 내구소비재산업의 성장으로 이어질 것이라고 예측했다는 사실을 알 수 있습니다.

내구소비재산업에 대한 FDI 유입은 지난 20년간 인도의 성장을 이끌어왔던 IT 및 BPO산업 의존도를 줄이고 제조산업을 성장시킬 수 있는 발판이 되어주고 있습니다. 과거 GDP의 60%를 차지하던 인도의 서비스산업은 저렴한 인건비를 바탕으로 '세계의 백오피스'로 발전할 수 있었습니다. 하지만 지금 인도에서는 고용 창출효과가 큰 선진국형 산업인 전기전자, 자동차산업과 같은 제조업이 성장의 주역으로 떠오르고 있습니다.

인도의 매력적인 데모그래피,
중국을 넘어 세계 최대 시장으로 성장을 가능케 할 것

인도는 중국에 버금가는 인구수와 세계에서 가장 매력적인 인구 구성비를 가진 나라입니다. 인도의 인구수는 약 13억 9,000만 명으로 전 세계에서 중국(14억 명) 다음으로 많은 인구를 보유하고 있으며, 민주주의 국가로서는 세계 최대입니다. 인도의 국토 크기는 329만 제곱킬로미터로 세계에서 일곱 번째로 넓은 영토를 차지하고 있는데, 제곱킬로미터당 인구는 약 420명으로 중국의 146명 대비 3배 가까이 되는 수준입니다.

인도의 인구 증가율도 중국을 뛰어넘고 있습니다. 지난 5년간(2016~2021년) 인도의 인구 증가율은 1.0%로 0.4%인 중국 대비 2.4배 높은 수준이며, 2026년 이후에는 인도 인구수가 중국을 앞설 것으로 예상됩니다. 또한 지금의 인구 증가율을 가정했을 때 시장이 예상하는 인도의 인구수는 2060년 최대치에 이르는데, 그 수치는 약 16억 5,000만 명 수준입니다.

나이별 구성을 살펴보면 인도 시장은 더 매력적입니다. 2021년을 기준으로 인도의 인구 평균 나이는 28세로 중국의 38세 대비 훨씬 젊습니다. 인도 인구의 65%가 35세 미만으로 노동 가능 인구수도 5억 명에 달하며, 매년 1,000만 명씩 늘어나고 있습니다. 인도의 노동 가능 인구수는 향후 30년간 매년 증가해 2050년 8억 명으로 정점을 기록할 것으로 시장은 전망하고 있습니다. 노동 가능 인구수 증가는 소비 가능 인구수 증가로 해

● **차트6 인도 vs 중국 연도별 인구수 비교**

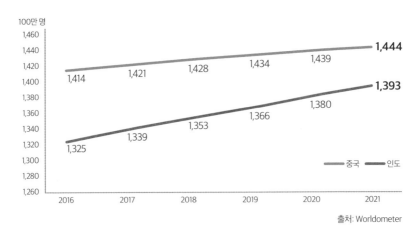

출처: Worldometer

석할 수 있습니다.

중국의 인구수는 2030년 정점을 찍은 후 점차 하락할 것으로 전망되는데, 더 큰 문제는 인구 구성비입니다. 현재 약 8억 명으로 추정되는 노동 가능 인구수는 이미 정점을 찍고 감소세에 접어들었으며, 2030년에는 65세 인구수가 전체 인구의 15%를 초과한 2억 4,000만 명을 기록할 것이라 시장은 예측하고 있습니다. 중국이 세계에서 가장 빠르게 인구 고령화가 진행되는 국가 중 하나가 되는 것입니다.

또한 파서 한 자녀 정책과 남아 선호 사상으로 남아 출산 비율이 여아보다 약 20% 높아서 2030년까지 30대 후반 미혼 남자의 비율이 현재 대비 5배 증가하면서 인구 증가율 하락세의 주요 요인이 될 것이라는 조사도 있습니다. 빠르게 고령화되고 있는 인구 문제를 해결하기 위해 중국

● **차트7 인도 vs 중국 인구 구성비**

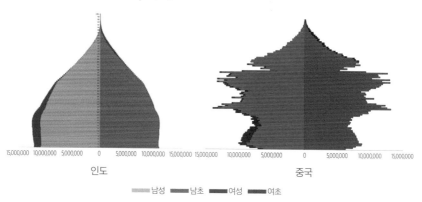

15,000,000 10,000,000 5,000,000 0 5,000,000 10,000,000 15,000,000   15,000,000 10,000,000 5,000,000 0 5,000,000 10,000,000 15,000,000

인도   중국

남성 ■ 남초 ■ 여성 ■ 여초

출처: Wikipedia

정부는 2021년 5월 31일 세 자녀 출산을 허용하는 법률 개정안을 통과시 켰습니다.

인도가 더 매력적인 시장으로 성장해나갈 것이라 기대되는 또 다른 이 유는 가구수와 중산층이 증가하고 있기 때문입니다. 인도의 가구수 증가 는 인구 증가와 함께 가구 구성원수가 줄어들면서 확인되는 현상입니다. 2021년 기준 가구수는 약 3억 3,000만인데 이는 2016년 2억 4,000만 대비 38%나 증가한 수치입니다. 같은 기간 인구수는 13억 2,000만 명에서 13 억 9,000만 명으로 약 5.3% 증가했는데, 평균 가구 구성원수는 2009년 5.5 명, 2015년 4.5명 그리고 2021년에는 약 4.2명으로 줄어들었습니다.

인도 주요 리서치기관은 2030년까지 인도 전체 인구의 55%가 소비 계 층에 속할 수 있을 것이라 전망했습니다. 이는 2020년 24% 수준에서 크

●차트8 **소득별 인도 인구 구조-중산층 비중의 빠른 증가**(2020년 기준)

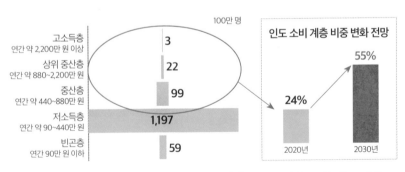

출처: Pew Research Center, The Economic Times

게 성장한 수치입니다. 이와 같은 성장이 가능한 이유로 고소득 가구 증가, 가구 구성원수 감소, 노인 인구의 인터넷 사용률 상승 그리고 인도 이커머스의 성장을 꼽았습니다.

2020년 코로나 팬데믹으로 인도 경제와 소비가 역성장하기도 했지만 그럼에도 불구하고 인도에 대한 투자는 사상 최대치를 기록했고, 최악의 코로나 팬데믹에서 벗어난 2021년부터는 경제 회복세가 가파르게 진행되고 있습니다. 따라서 인도 소비 계층 비중도 2020년을 저점으로 본격적인 상승이 기대됩니다.

2부

인도의
제조업 진흥책
'메이크 인 인디아'

3장

모디 총리, 인도를 '아시아 제조 허브'로 만들다

영토 크기 기준 인도에서 다섯 번째로 큰 주인 구자라트^{Gujarat}에서 주지
사를 세 번 연임하는 등 친기업적 리더로 꼽혔던 나렌드라 모디가 2014
년 마침내 총리로 당선되었습니다. 이후 2019년 재집권에 성공하며 2024
년까지 임기가 연장되었습니다.

나렌드라 모디 총리 집권 전 인도는 높은 실업률과 쌓여가는 무역적자
등으로 인해 경제 성장률이 하락세였습니다. 모디 총리는 집권 후 인도
가 안고 있는 열악한 경제 환경 및 인프라를 극복하기 위해 강력한 정책
들을 발표하고 시행했습니다. 인도가 넥스트 차이나로 투자자들에게 인
정받는 데까지 가장 큰 기여를 한 대표적인 모디 정책에는 '메이크 인 인
디아'(2014년) 그리고 '디지털 인디아'(2015년)가 있습니다.

지금부터 '메이크 인 인디아'와 '디지털 인디아'가 발표된 배경과 경제적 파급효과에 대해 살펴보겠습니다.

메이크 인 인디아-서비스에서 제조 기반 경제로 전환

2007~2010년 BRICS(브라질, 러시아, 인도, 중국, 남아프리카공화국) 펀드가 국내 개인 투자자들 사이에서 인기를 끌었습니다. 하지만 2008년 글로벌 금융위기로 인해 신흥국의 버블이 꺼지기 시작했고, 인도의 GDP 성장률은 금융위기 이후 다시 반등하는 듯했지만 2011년 다시 성장세가 크게 꺾이는 등 BRICS 중에서도 가장 취약한 국가로 분류되었습니다.

인도 경제는 많은 문제를 안고 있었는데, 가장 큰 취약점 중 하나는 서비스산업이 전체 GDP에서 차지하는 비중이 지나치게 높다는 점이었습니다. 인도는 IT 및 BPO산업이 크게 발전하면서 '세계의 백오피스'로 불려왔습니다. 하지만 서비스산업 육성을 통한 경제 성장에는 한계가 있었습니다. 인도 서비스산업 부문이 경제에서 차지하는 비중은 2013년 57%까지 높아졌지만 전체 고용에서 차지한 비중은 28%에 불과했고, 상품무역적자도 더욱 커졌습니다.

상품무역적자와 고용 문제를 해결하기 위해서라도 인도는 제조업 부양을 더 이상 미룰 수 없었습니다. 승수효과Multiplier Effect가 가장 큰 제조업을 부양함으로써 다른 산업 부문에도 거대한 파급효과를 기대할 수 있기 때문입니다.

제조업 진흥을 위한 나렌드라 모디 총리의 첫 주요 정책

이러한 위기에서 나렌드라 모디 총리는 인도를 글로벌 제조 허브로 만들기 위해 2014년 9월 25일 '메이크 인 인디아' 정책을 발표했습니다. 서비스 중심의 경제에서 파급효과가 큰 제조업 기반의 경제로 탈바꿈하고, 상품무역적자와 고용 문제를 동시에 해결하기 위함이었습니다.

모디 총리는 제조업 진흥책을 통해 인도의 제조업 성장률을 연평균 12~14%로 유지하고 2022년까지 1억 명의 신규 일자리를 창출해 2014년 15% 수준이었던 제조업의 GDP 기여도를 2025년 25%까지 확대하고자 했습니다.

글로벌 투자자들은 계속되는 미·중 무역전쟁으로 내수 경기 불확실성과 현지 공장 운영 리스크가 더욱 커진 중국보다는 그에 버금가는 인구 규모와 인건비가 비교적 더 저렴하고 젊은 노동력을 가진 인도가 대체 시장이 될 수 있을 것이라 판단하기 시작했습니다.

실제로 중국의 인건비는 빠르게 상승하고 있습니다. 중국의 제조업 평균 기본연봉이 2010년 3만 700위안(약 570만 원)에서 2020년 8만 2,700위안(약 1,550만 원)으로 약 2.7배 상승한 것입니다. 2021년 인도 제조업 종사자의 평균 연봉이 26만 루피(약 417만 원)인데, 이는 2020년 중국 제조업 기본연봉의 약 25% 수준입니다.

글로벌 투자자에게 인도가 매력적인 또 다른 이유는 '지식재산권 Intellectual Property, IP 보호'에서 중국보다 안전하다고 판단하기 때문입니다. 특히 '메이크 인 인디아' 정책에는 IP 보호가 명시되어 있어 중국 투자 시 발생할 수 있는 기업 리스크가 해소되는 것입니다.

외국인 투자 적극 유치 25개 산업 지정과 법인세율 인하

인노는 제조업 진흥책 발표를 시작으로 25개 산업을 해외자본 적극 유치 산업으로 지정했는데, 25개 산업 중 국방(74%)과 뉴미디어(26%)를 제외하고 자동차, 전기전자 등 나머지 산업에는 100% 외국인 직접투자를 허용했습니다. 또한 제조업과 신성장 산업에 대한 금융 지원, 시설 투자Capex에 따른 세금 인센티브와 법인세율 인하, 생산량 연계 인센티브Production Linked Incentive(이하 PLI)와 같은 정부 차원의 구체적인 투자 진흥책을 발표했습니다.

인도 정부는 2019년 9월 법인세율을 30%에서 22%까지 인하했습니다. 이는 베트남, 태국과 비슷한 수준입니다. 또한 2019년 10월 1일 이후 신규 제조법인으로 등록해 2023년 3월 이전까지 생산을 시작하는 제조업체에 한해서는 법인세율을 2024년 3월까지 한시적으로 15%까지 인하했습니다. 법인세율 인하 발표 직후 인도 주식시장은 5% 이상 상승해 이전 10년 동안 가장 큰 상승폭을 기록했습니다.

13개 제조산업에 대한 PLI 발표

2020년 3월, 인도 정부는 글로벌 기업들의 생산거점이 인도에 건설될 수 있도록 생산량 연계 인센티브PLI 제공을 승인했습니다. PLI는 시행 기간 동안 기준년도Base Year 대비 생산량과 판매량 성장 목표를 매년 달성할 시 증분Incremental 판매량에 대해 적용됩니다. 산업마다 기간에 차이가 있지만 2022~2023년 생산량부터 4~6년간 적용되는 제도입니다.

PLI 정책이 적용되는 산업에는 전자제품(가전 포함), 제약, 통신네트워크제품, 식품, 태양광 모듈, 배터리(첨단화학전지 등), 섬유, 특수철강, 자동차 및 부품 등 총 13개의 산업(2021년 9월 기준)이 있습니다.

산업마다 적용되는 인센티브 구조도 다릅니다. 예를 들어, 스마트폰 생산 관련 PLI는 5년간 적용됩니다. 목표량 달성 시 증분 매출의 4.5%를 인센티브로 받게 되는데, 이는 PC, 노트북 등 IT 하드웨어산업이 받을 수 있는 인센티브 대비 더 큰 규모입니다. 스마트폰산업의 PLI 산정 방식은 시행 기간 5년 중 어느 4년 동안이라도 연간 목표를 넘어설 시 인센티브를 신청할 수 있습니다.

인도 정부는 세계 최대 스마트폰 생산 국가 타이틀(2021년 9월 기준 세계 2위)을 얻기 위해 핵심 부품인 반도체 공장 설립에 대한 PLI 외에 '현금 인센티브 정책'도 발표했습니다. 인도에 반도체 제조 공장을 건설하면 10억 달러 이상의 현금 인센티브(건설비용의 10~20%)를 지급하며, 신규 공장이 가동되면 인도 정부가 생산량 일부 비율을 직접 구매할 뿐만 아니라 인도의 반도체 수요 산업들(스마트폰 등)이 현지 반도체 생산물량을 구매하는 것을 의무화해 시황 변동에 따른 가동률 리스크도 사라지게 했습니다. 또한 인도 현지에서 생산된 반도체 칩은 '신뢰할 수 있는 제품'으로 공식 승인되어 인도 내 CCTV 카메라부터 5G 장비에까지 공급될 수 있을 예정입니다.

이에 반해 인도의 IT 하드웨어 생산 공장에 적용되는 PLI 규모는 기준년도 대비 증분 매출의 2~2.5%로 스마트폰산업과 비교했을 때 낮은 편입니다. PLI 적용 기간 또한 상이합니다. 2020년을 기준년도로 하여 2022년부터 4년 동안 생산량과 판매량 성장 목표를 매년 달성했을 때 증분에 대해 인센티브가 제공되는 구조인데, 2021년부터 반도체 수급 문제로 생산차질이 현실화되고 있어 IT 하드웨어산업에 대한 인센티브 요건이 더 유연해질 가능성이 높아졌습니다. PLI 시행 기간을 한 해 연장하고 스마트폰산업에 적용하고 있는 '5년 중 어느 4년 동안이라도 목표 달성 시 PLI 지급'으로 요건을 변경하는 것입니다.

또한 현재 IT 하드웨어산업에 제공되는 PLI 수준으로는 중국에서 운영되고 있는 공장들의 인도 이전을 이끌어내기는 힘들 것이라는 의견이 팽배해 IT 하드웨어산업에 대한 PLI 요율(%)이 상향될 가능성이 높은 상황입니다.

이와 같은 IT 기업들에 대한 정부 차원의 적극적인 인센티브는 2020년 시작된 중국과의 국경 분쟁 이후 통신 및 전자산업에 대한 중국 의존도를 줄이기 위한 것입니다. 이를 통해 인도는 중국 다음으로 세계에서 두 번째로 큰 스마트폰 제조 능력과 이와 관련된 공급망Supply Chain을 확보할 수 있게 되었습니다. 인도가 글로벌 반도체 기업 유치에도 성공한다면 스마트폰을 포함한 전반적인 제조산업의 더 가파른 성장도 기대할 수 있을 것입니다.

값싸고 젊은 노동력이 많은 인도,
투자 유치를 위해 왜 당근이 필요했을까?

인도 정부가 PLI, 현금 인센티브와 같은 제조업 투자 유치 진흥책을 연속적으로 설계해 발표하는 이유가 무엇일까요? 14억 인구와 젊은 노동 인력이 있어 아시아 제조 허브로 성장할 가능성이 충분하지만, 아직 이러한 조건만으로 인도가 글로벌 기업들에게 어필되기에는 부족하다고 판단했기 때문입니다.

우선 공급비용 측면에서 살펴보면 임금은 중국, 인도네시아, 태국 대비 저렴하지만 생산성은 그 이상으로 낮은 수준에 머물러 있습니다. 또한 현지 자금 조달비용, 열악한 인프라에 따른 전력, 운송비용 등을 모두 감안하면 인도 제조업체들의 비용 경쟁력이 크지 않습니다. 따라서 인도가 아시아 제조 허브로서의 경쟁력을 갖추기 위해서는 현실적인 인센티브가 필요했던 것입니다.

이보다 더 큰 이유는 인도 소비 시장의 현실에 있습니다. 중국에 버금가는 14억 소비 시장은 아직 실재하지 않았던 것입니다. 인도의 1인당 GDP는 성장하고 있기는 하지만 금융소외층으로 불리는 이들이 10억 명(전체 인구의 70% 이상)에 달하기 때문입니다. 정상적인 금융 거래를 못 하거나 신용등급이 없는, 즉 현금 거래만 하는 금융소외층은 은행카드를 사용하지 못하고 금융기관 대출(할부 구매 포함)도 받을 수 없기 때문에 규모 있는 소비를 할 수 없습니다. 하지만 이러한 인도 경제의 고질적인 문제들이 2015년 모디 총리가 발표한 '디지털 인디아' 정책을 기점으로 마침내 빠르게 해소되고 있습니다.

'인도의 디지털화' 정책은 지난 5년간 산업혁명 수준의 변화를 만들어 냈습니다. 인도 이동통신산업의 성장은 가파른 인터넷 보급률 상승 및 스마트폰 사용 인구 증가로 이어졌고, 이는 디지털금융이 성장할 수 있는 환경을 만들었습니다.

특히 핀테크와 같은 금융 플랫폼들이 10억 금융소외층 문제를 해결하는 데 큰 기여를 하고 있습니다. 이들을 통해 금융 포용이 빠르게 진행되기 시작했으며, 이는 인도를 더욱 매력적인 소비 시장으로 탈바꿈시키고 있습니다. 또한 이러한 변화를 감지한 글로벌 제조업체들이 앞다투어 인도 시장으로 진출하고 있는 것입니다. (이에 대한 내용은 6장 '디지털사회 전환으로 10억 미개척 시장이 열리다'에서 자세히 설명하겠습니다.)

4장

본격적인 기지개를 켜고 있는 인도 제조산업의 지금

2014년 모디 총리 집권 후 야심차게 발표한 '메이크 인 인디아'는 일부 산업에서 괄목할 만한 성과를 내고 있습니다. 2021년 기준 100개 이상의 모바일폰 생산업체가 인도 현지에서 가동 중이며, 이 중 시장 리더 격인 삼성은 스마트폰 생산 시설을 중국에서 우타르프라데시Uttar Pradesh주 노이다Noida로 이전하면서 세계 최대 스마트폰 생산 공장을 완공(2020년)했고, 디스플레이 제조 공장도 일부 이전을 마무리했습니다.

삼성 이외의 한국 기업으로는 노이다와 푸네Pune 지역에 생활가전 생산 설비 공장을 보유하고 있는 LG, 첸나이Chennai와 아난타푸르Anantapur에 총 100만 대 생산 체제를 구축한 현대자동차와 기아 등이 있습니다.

애플도 2020년부터 생산 협력업체인 윈스트론Winstron, 폭스콘Foxconn을 통해 인도 생산 능력을 확대하는 등 더 많은 스마트폰 모델을 현지에서 생산하기 시작했습니다.

이와 같은 인도에 대한 글로벌 제조 기업들의 적극적인 투자는 현금 인센티브, 높은 수입관세 등의 정부 차원의 유인책뿐만 아니라 인도 소비 시장에서도 뚜렷한 변화가 감지되고 있기 때문으로 판단됩니다.

제조업이 인도 GDP에 차지하는 비중을 살펴보면 회계연도 기준으로 2014년 15% 수준에서 2021년 17.4%으로 상승했습니다. '메이크 인 인디아' 발표 당시 목표였던 '2025년 제조업 GDP 비중 25%' 달성이 쉽지 않다는 전망도 있지만, 인노 성부의 적극적인 제조업 부양 정책으로 해외자본 유입은 분명 본격화되고 있습니다.

지금부터는 인도 제조산업 중 해외 자금 유입이 증가하고 있는 내구소비재산업(자동차, 스마트폰, 가전제품)에 대해 살펴보고 각 산업별 성장 전망도 분석해보겠습니다.

———
인도 자동차산업-지금까지는 예고편에 불과했다

인도 자동차산업은 2021년 기준으로 세계에서 네 번째로 큰 시장(승용차 Passenger Vehicle+상용차Commercial Vehicle)이자 트랙터, 버스, 대형트럭 생산 능력은 전 세계 1~3위를 각각 차지하고 있습니다. 2021년(회계연도 기준) 인도의 자동차 생산량은 2,270만 대(이륜, 삼륜, 승용차, 상용차 모두 포함)로, 이 중 18%가 수출되었습니다.

2014년 제조업 진흥책 발표 이후 자동차산업에 대한 외국인 직접투자가 큰 폭으로 성장했습니다. 2014년(이하 회계연도 기준) 12억 8,000만 달러에 그쳤던 외국인 직접투자는 그다음 해부터 2020년까지 연 20~30억 달러 규모로 성장했고, 코로나로 인도 경제가 마비되었던 2021년에도 16억 달러가 유입되었습니다.

다만, 이와 같은 지속적인 외국인 투자 유입에도 불구하고 포드를 비롯한 몇몇 자동차업체들이 철수를 선언하는 등 인도 자동차산업의 성장은 투자자들의 기대 이하에 머물러 있는 상태입니다.

인도 현지에서 높은 시장점유율을 확보하고 있는 인도 및 글로벌 자동차 브랜드별 현지 경쟁력을 살펴보고, 인도 자동차산업의 성장을 가로막고 있던 요인들과 2022년부터 인도 자동차산업의 점진적인 성장이 기대되는 이유도 설명하겠습니다.

● **차트9 인도 자동차시장 구조**(2021년, 회계연도 기준)

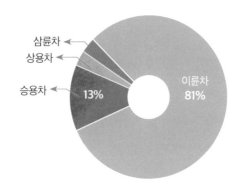

삼륜차
상용차
승용차 13%
이륜차 81%

출처: The Times of India

피 튀기는 인도 승용차시장에서 살아남은 승자는?

인도 상공부Ministry of Commerce and Industry 산하 인도투자진흥원Invest India은 인도가 2026년까지 중국, 미국에 이어 세계에서 세 번째로 큰 자동차시장이 될 것이라 전망했습니다. 토요타, 르노, 현대자동차, 기아 등 주요 글로벌 자동차 메이커들은 인도 전역에서 이미 생산 공장을 운영하고 있으며, 생산량 확대를 위해 추가적인 투자를 진행하고 있습니다.

특히 인도 승용차시장에서 펼쳐지고 있는 경쟁은 전쟁을 방불케 합니다. 2021년 기준 인노 승용차시장에서 상위 5개 메이커가 차지하는 비중은 84%였습니다. 시장점유율이 가장 높은 기업은 마루티스즈키Maruti Suzuki India이며, 현대자동차, 타타모터스Tata Motors, 마힌드라앤마힌드라Mahindra&Mahindra, 기아가 뒤를 잇고 있습니다.

● 그림2 자동차 메이커별 인도 내 공장 위치

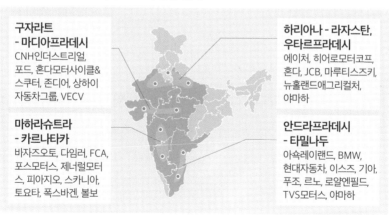

구자라트 - 마디아프라데시
CNH인더스트리얼, 포드, 혼다모터사이클&스쿠터, 존디어, 상하이자동차그룹, VECV

마하라슈트라 - 카르나타카
바자즈오토, 다임러, FCA, 포스모터스, 제너럴모터스, 피아지오, 스카니아, 토요타, 폭스바겐, 볼보

하리아나 - 라자스탄, 우타르프라데시
에이처, 히어로모터코프, 혼다, JCB, 마루티스즈키, 뉴홀랜드애그리컬처, 야마하

안드라프라데시 - 타밀나두
아쇽레이랜드, BMW, 현대자동차, 이스즈, 기아, 푸조, 르노, 로얄엔필드, TVS모터스, 야마하

출처: Invest India

시장점유율 순으로 살펴보면 1981년 인도 정부와 SMC^{Suzuki Motor} ^{Corporation}가 함께 설립^{JV}한 마루티스즈키가 인도 최대 승용차 메이커로, 인도 NSE(티커: MARUTI)와 BSE(티커: 532500)에 상장되어 있으며 시가총액은 약 39조 원(2022년 4월 25일 기준)입니다. 마루티스즈키의 승용차 생산 능력은 연간 158만 대인데 2021년에는 136만 대를 판매하며 인도 승용차시장 점유율 44%를 기록했습니다.

현대자동차는 마루티스즈키가 독점하던 인도 승용차시장에서 1998년 해치백 모델인 상트로^{Santro}를 론칭하며 현지의 큰 호응을 얻었습니다. 인도 시장을 거의 독점하던 마루티스즈키에게 위협이 될 정도의 판매량을 기록한 첫 승용차 메이커가 된 현대자동차는 2021년 기준 인도에서 두 번째로 큰 승용차 제조업체이자 수출업체로 성장했습니다. 2021년 승용차 판매량 50.5만 대로 마루티스즈키 다음으로 많은 판매량을 기록하며 시장점유율 약 16%를 확보한 현대자동차는 특히 SUV시장에서 2020년에 이어 2년 연속 판매 1위를 유지하는 등 인도 시장에서의 위치를 견고히 하고 있습니다.

세 번째로 큰 시장점유율을 가지고 있는 업체는 타타그룹의 자회사인 타타모터스입니다. 타타모터스는 인도 NSE(TATAMOTORS)와 BSE(500570)에 상장되어 있으며 시가총액은 약 25조 원(2022년 4월 25일 기준)입니다. 2021년 타타모터스의 승용차 판매량은 현대자동차에 이어 세 번째로 많은 33.1만 대를 기록하며 시장점유율 11%를 확보했습니다.

타타모터스는 2021년 인도 내 자동차 메이커 중 가장 높은 판매 성장률을 달성한 브랜드입니다. 2021년 12월에는 소형 SUV인 넥슨Nexon의 판매량 호조로 현대자동차를 누르고 인도 승용차 월간 판매량 2위를 기록하는 등 사상 최고의 연간 판매량을 달성했으며, 이에 타타모터스의 시장점유율은 전년 대비 3.8%p 성장했습니다. 참고로 타타모터스는 인도 전기차시장에서 최대 시장점유율(80%)을 확보하는 등 독주를 이어가고 있습니다(18장 타타모터스 기업분석 내용 참고).

기아는 2021년 인도 승용차시장에서 다섯 번째로 많은 판매량을 기록한 메이거입니다. 2017년 인도 법인을 설립하고 2019년 셀토스Seltos를 론칭한 이래 승승장구하고 있는 기아는 2021년 판매량 18.1만 대를 기록하

● **차트10 2021년 인도 승용차시장 점유율**

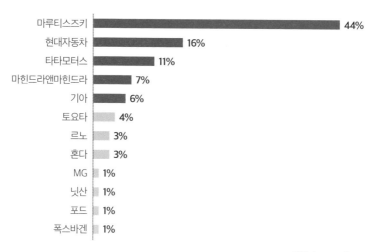

출처: Autopunditz.com

며 6%의 시장점유율을 확보했습니다. 기아의 소형 SUV 모델인 셀토스는 출시 2년 만에 판매량 20만 대를 돌파하며 기아 인도 법인의 베스트셀링카로 등극했습니다. 이로써 현대자동차와 기아는 인도 시장에서 2021년 68만 대 이상의 승용차를 판매하여 합산 시장점유율 22%를 확보했습니다.

2021년 승용차 판매량 기준 6~8위를 차지한 메이커는 토요타, 르노Renault 그리고 혼다입니다.

인도 승용차 수요가 그동안 기대 이하에 머물렀던 까닭은?

2014년 '메이크 인 인디아' 정책 발표 이후 인도에 진출한 글로벌 자동차 메이커는 기아(한국), 피아트가 소유한 지프Jeep(미국), MG모터스(영국), 닷선Datsun(일본), 렉서스(일본) 등이 있습니다. 그리고 기존 로컬/글로벌 메이커들과 함께 이들도 PLI와 세금 인하 혜택 대상이 되었습니다.

인도 정부의 다양한 자동차산업 육성책에도 불구하고 치열한 경쟁에서 밀려나는 글로벌 자동차 메이커도 생겨났습니다. 포드(미국)가 대표적입니다. 1995년 인도에 진출한 포드는 약 25억 달러를 투자해 생산 능력을 연간 50만 대까지 키웠지만 20년 동안 시장점유율 2%대를 벗어나지 못했습니다. 2010년 이후 누적된 손실액만 20억 달러에 달하며, 최근에는 공장 가동률이 20% 수준까지 하락했습니다. 경제성 측면에서 공장을 유지하기 어려워진 포드는 GM(2017년), 피아트(2018년)에 이어 2021년 인도 시장에서 철수하게 됩니다.

인도 전체 승용차시장 규모와 성장 추이를 살펴보면 글로벌 브랜드들이 지난 몇 년간 어려움을 겪은 이유를 짐작할 수 있습니다. 2021년 인도 승용차 판매량은 308만 대로 전체 생산 능력 대비 가동률이 50%대에 머물러 있으며, 이는 코로나 팬데믹이 본격화되었던 전년 대비 회복된 수치이지만 2018년 판매량(335만 대)에 여전히 미치지 못하고 있습니다.

인도의 현재 판매량을 중국과 비교해보면 인도 승용차시장의 현주소를 파악할 수 있습니다. 2020년 인도의 1인당 국민소득(약 2,000달러)과 유사했던 2006년 중국의 승용차 판매량은 518만 대를 기록했는데, 이는 2020년 인도 승용차 판매량의 2배를 초과하는 수준입니다. 또한 2020년

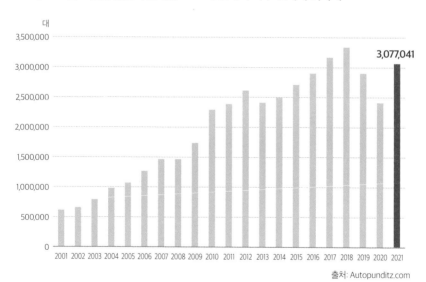

● 차트11 인도 연간 승용차 판매량-코로나 팬데믹 이후 본격적 회복세

출처: Autopunditz.com

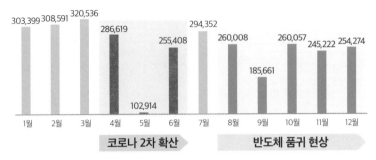

출처: Autopunditz.com

인도의 1인당 국민소득은 중국의 약 20% 수준인데 인도 승용차시장 규모는 그보다 낮은 12% 수준에 불과합니다.

　흥미로운 지점은 또 있습니다. 2015년만 해도 대부분의 글로벌 컨설팅 기업들은 인도의 승용차 판매량이 2020년까지 480만~530만 대를 달성할 것으로 예측했습니다. 하지만 실제로는 이에 크게 미치지 못했습니다. 이들은 전망 예측치가 실제 수치 대비 크게 차이가 났던 까닭을 2016년 11월 발표된 인도 '화폐개혁Demonetisation'에 따른 통화 공급 감소 충격과 2020년 '코로나 팬데믹 발생'에서 찾고 있습니다.

　하지만 인도와 중국의 1인당 국민소득이 유사했던 시기(인도 2020년 vs 중국 2006년)에도 인도의 승용차 판매량이 중국 대비 50%에도 미치지 못하는 이유는 무엇일까요? 이에 대한 답을 찾을 수 있다면 미래 인도 자동차산업에 대한 전망을 더 정확하게 할 수 있을 것입니다.

저는 10억 명에 달하는 금융소외층에서 그 답을 찾고 있습니다. 인도에서는 승용차 구매의 75~80%가 대출 및 할부로 진행되는데, 시중 금융기관(은행)으로부터 대출을 받을 수 있는 인구수가 전체 인구의 10% 수준인 약 1억 4,000만 명(2020년 기준)에 불과합니다. 신용등급이 없어 금융거래를 하지 못했던 금융소외층은 대출이나 할부 서비스 이용이 불가능하기 때문에 승용차 구입에 어려움이 있습니다. 즉, 얼마 전까지 인도의 승용차 수요 규모는 14억이 아니라 1억 4,000만 명 수준으로 한정되었던 것입니다.

각종 세금도 인도 승용차시장의 성장을 가로막고 있습니다. 인도에서는 2017년부터 자동차 구매 시 각 주정부가 부과하는 세금 이외에 세율이 최대 28%에 이르는 GST^{Goods&Services Tax}(통합간접세)가 부과되고 있습니다. 기타 세금을 합치면 실제 세율이 무려 43%까지도 상승합니다. 높은 자동차 관련 세금은 열악한 도로 인프라 등을 감안해서 부과하는 것으로 판단됩니다. 이로 인해 소비자가 부담하는 차량 가격이 높을 수밖에 없는 것입니다.

인도 자동차산업 성장의 조건-10억 금융소외층 문제 해결

지금까지 시장의 기대만큼 성장하지 못한 인도의 승용차 수요는 10억 금융소외층 문제 해소가 본격화된 2020~2021년을 기점으로 빠른 성장이 기대됩니다.

금융소외층 문제 해결에 가장 큰 기여를 한 요소로 인터넷 보급률 상승과 핀테크 기업의 등장을 들 수 있습니다. 몇 년간 가파른 속도로 성장한 인터넷 보급률은 2021년 약 60%까지 높아졌으며, 스마트폰 사용자수도 5억 명을 초과하고 있습니다. 이를 바탕으로 페이티엠과 같은 많은 핀테크 기업들이 급격하게 성장했고, 이들이 금융 서비스를 받지 못했던 금융소외층에게 온라인 계좌 개설을 도와주고 핀테크 자체 신용평가 모델을 통해 대출을 받을 수 있는 기회를 제공하기 시작했습니다. 핀테크(디지털금융 플랫폼)의 전면 등장으로 약 1억 4,000만 명에 불과했던 대출 가능자가 10억 명의 금융소외층으로 점차 확대되고 있는 것입니다.

평균 75~80%의 인도 승용차 구매가 대출 및 할부로 진행되고 있다는

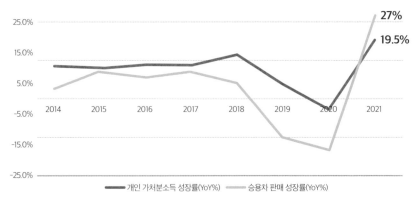

●차트13 인도 개인 가처분소득 성장률과 승용차 판매량 증가율

출처: MOSPI, Autopunditz

점을 감안하면, 이는 향후 인도 승용차 수요도 성장할 수 있음을 의미합니다. 또한 코로나 팬데믹에서 벗어나 경제 회복에 따른 가처분소득도 증가하고 있어 인도 승용차시장은 한 단계 더 도약할 준비가 되어 있다고 판단됩니다.

세계에서 두 번째로 큰 스마트폰시장

인도는 전 세계에서 두 번째로 큰 스마트폰시장이며 현재에도 무서운 속도로 성장하고 있습니다. 인도 내 스마트폰 사용자수는 2016년 약 2억 명 중반에서 2021년에는 5억 명 초반 수준까지 증가했습니다.

2021년 스마트폰시장 규모(판매액 기준)는 2.8조 루피(45조 7,500억 원)로 전년 대비 무려 27% 성장했으며, 스마트폰 평균 소매 가격도 14% 상승한 227달러를 기록했습니다.

모디 정부는 2014년 '메이크 인 인디아'에 이어 모바일폰(스마트폰+피처폰)산업과 관련된 여러 정책을 발표했습니다. '수입 모바일폰 및 충전기 부품 등에 대한 수입관세 인상', '법인세율 인하', 'PLI'가 주요 내용인데, 이후 삼성, 애플 등 많은 글로벌 모바일폰 기업들의 생산 시설 이전이 봇물처럼 이어지고 있습니다.

이는 수치로도 확인할 수 있습니다. 2015년(이하 회계연도 기준) 인도의 모바일폰 생산 규모는 약 1,890억 루피(3조 원) 수준이었으나 2021년에는

● 차트14 7년간 12배 성장한 인도 모바일폰 생산 규모*(회계연도 기준)

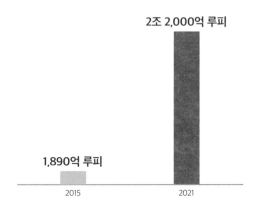

2조 2,000억 루피

1,890억 루피

2015   2021

*금액 기준

출처: Invest India, The Times of India

2.2조 루피(35조 원)로 지난 7년간 약 12배, 연평균 약 51% 성장했습니다.

특히 모바일폰 기기와 배터리에 부과되는 수입관세(15~22.5%)뿐만 아니라 관련 부품 수입관세(2.5~10%)는 모바일폰 전체 밸류체인 생산 시설을 해외에서 인도로 이전하게 만드는 첫 번째 이유가 되고 있습니다. 인도 정부의 법인세율 인하(30%→22%)와 PLI 역시 글로벌 기업들의 대규모 투자 결정을 더욱 쉽게 만들고 있는 또 다른 이유입니다.

연 3억 대 판매 시장으로 성장할 인도 스마트폰시장의 미래

인도 정부의 지원 정책 이외에 인도 모바일폰산업의 폭발적인 성장이 가능했던 배경과 향후 인도 모바일폰시장을 이끌 요인들에는 무엇이 있을까요? 인도 스마트폰시장은 세계 메이저 시장 중 하나로 성장했으며 현재도 견고한 성장이 지속되고 있습니다. 이러한 성장이 가능했던 배경에는 빠르게 성장하는 인터넷 보급률, 가처분소득 증가 등이 있습니다.

2021년(회계연도 기준) 인도의 모바일폰 사용자수는 약 11억 명으로 전체 인구의 80% 미만에 머물러 있습니다. 여기서 주목할 점은 모바일폰 사용자의 절반 이상이 피처폰^{Feature Phone}을 사용하고 있어 향후 스마트폰 대기 수요가 아주 크다고 볼 수 있다는 것입니다.

2021년 인도 스마트폰 판매량은 코로나 팬데믹이 지속되었음에도 불구하고 전년 대비(1억 4,500만 대) 12% 성장한 1억 6,200만 대를 기록했는데 2022년에도 전년 대비 10% 이상 성장한 약 1.8~1.9억 대를 기록하여

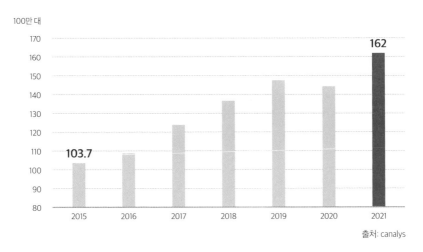

● 차트15 연도별 인도 스마트폰 판매량

100만 대

출처: canalys

미국 시장을 30% 상회할 것으로 전망됩니다. 코로나 팬데믹이 시작되었던 2020년을 제외하고 매년 성장해온 추세를 감안하면 연간 3억 대 판매시장으로의 성장도 5~6년 내 달성 가능할 것으로 기대됩니다. (참고로 중국은 2021년 연간 판매량 3억 2,900만 대를 기록했습니다.)

중국 브랜드의 절대적인 지배 속 애플의 프리미엄시장 독주

2021년 기준 인도 스마트폰시장은 저가 스마트폰, 특히 중국산 스마트폰 브랜드가 가장 큰 시장점유율을 확보하고 있습니다.

인도 스마트폰시장에서 상위 5개 브랜드 중 4개가 중국산인데, 이들이 총 스마트폰 판매량에서 차지한 비중은 67%(2021년 2분기 기준)를 기록했습니다. 중국의 샤오미Xiaomi가 가장 높은 28%의 시장점유율을 차지하고 있으며, 삼성전자(18%), BBK일렉트로닉스(중국)의 비보Vivo(15%)가 그 뒤를 잇고 있습니다. 4~5위는 리얼미Realme, 오포Oppo가 차지했습니다.

삼성전자는 2017년 3분기까지 인도 스마트폰시장 점유율 1위를 차지하고 있었습니다. 이후 샤오미가 인도 내 생산 능력을 빠르게 확대하면서 가장 경쟁이 치열한 1만 루피(150달러) 이하의 저가시장에서 점유율이 크게 높아졌고 전체 스마트폰시장 점유율 1위도 차지하게 되었습니다.

샤오미는 일반 프리미엄시장과 울트라 프리미엄시장에서도 입지를 넓혀가고 있습니다. 3만 루피(400달러) 이상의 프리미엄시장에서 시장점유율 7% 이상을 확보했으며, 애플이 독점하고 있던 4만 5,000루피(650달러) 이상의 울트라 프리미엄시장에도 Mi11 울트라 모델로 2021년 재진입하며 애플과 경쟁을 시작했습니다.

시장점유율 2위 삼성전자는 프리미엄시장 바로 아래 단계인 2~3만 루피(260~400달러) 중고가시장을 리딩하고 있습니다. 삼성의 인도 최대 판매 모델은 갤럭시 M/F 시리즈이며, 이 모델들이 삼성전자 인도 전체 모바일폰 판매의 60% 이상(2021년 상반기 기준)을 차지했습니다. 삼성전자는 중국 메이커와 달리 온라인 판매에 집중하고 있는데 코로나 팬데믹으로 온라인 판매량이 사상 최고치(인도 스마트폰 판매량의 50%)를 기록하고 있어 이 전략이 효과적임이 증명되고 있습니다.

세 번째로 높은 시장점유율을 확보하고 있는 비보는 리얼미와 오포, 원플러스OnePlus 브랜드를 통해 중저가시장과 프리미엄시장을 공략하고

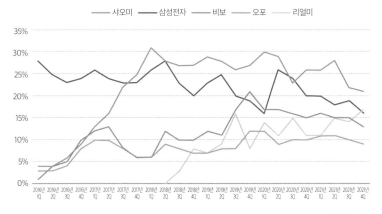

● **차트16 브랜드별 인도 스마트폰시장 점유율**(2016년 1분기~2021년 4분기)

출처: Candytech

있는 중국 BBK일렉트로닉스의 브랜드입니다. 원플러스의 경우 프리미엄시장에서 높은 점유율(34%)을 보유하고 있습니다.

애플의 무서운 성장 속도도 주목해야 합니다. 인도 현지에서 ODM 파트너(윈스트론, 폭스콘)를 통해 아이폰SE, 아이폰6s 등 저가 기종들만 생산하고 그 외의 모델들은 모두 인도 외에서 생산했던 애플은 30%에 달하는 수입관세로 인해 가격 경쟁력을 가질 수 없었습니다. 이에 애플은 2020년부터 인도 현지 생산 모델 확대를 결정했고, 판매량이 빠르게 늘어나고 있습니다. 2021년 아이폰 판매량은 전년 대비 48% 성장한 540만 대를 기록하며 2%대에 머물던 시장점유율이 4.4%까지 상승했습니다.

흥미로운 점은 가장 많이 팔린 모델이 고가 제품인 아이폰12라는 사실입니다. 애플은 50%에 달했던 울트라 프리미엄시장 점유율을 70%까지

● **차트17 인도 프리미엄+울트라 프리미엄 스마트폰시장 점유율**(2021년 3분기 기준)

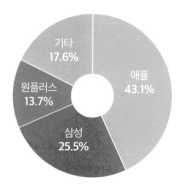

기타
17.6%

원플러스
13.7%

애플
43.1%

삼성
25.5%

출처: Candytech

확대하면서 이 시장에서 1위 자리를 공고히 하고 있습니다. 2022년부터 아이폰13의 현지 생산이 시작되었고 첫 번째 애플스토어(오프라인 매장) 오픈도 예정되어 있는 만큼 아이폰 판매량의 가파른 증가세가 이어질 전망입니다(21장 애플 기업분석 내용 참고).

글로벌 스마트폰 생산 허브로 변모하다

샤오미는 현재 인도 북부 하리아나^{Haryana}주와 남부 타밀나두^{Tamil Nadu}주에 위치한 3개(폭스콘, 플렉스^{Flex}, DBG인디아)의 모바일폰 공장을 통해 위탁 생산 중에 있으며 추가 생산 시설을 타밀나두에 건설할 예정입니다. 신규 공장까지 완공되면 인도에서 판매되는 샤오미 폰의 99%가 인도 현지 생산이 되는 것입니다.

이와 같은 결정은 2020년 인도 정부가 더 많은 제조업 생산 시설이 인도 각지에 건설될 수 있도록 발표한 PLI 정책과 법인세율 인하가 큰 역할을 한 것으로 보입니다. 또한 샤오미는 한동안 인도 공장에서 조립^{Assembled}만 해왔으나 현재는 회로기판부터 배터리까지 인도 현지 생산분을 공급받고 있으며 2021년부터는 카메라 모듈도 현지 생산할 계획이라 밝혔습니다. 이는 모바일폰 핸드셋과 부품에 대한 22.5% 수입관세 제도 신설이 영향을 미친 것으로 보입니다. 인도 정부의 '메이크 인 인디아' 프로그램이 효과를 발휘하고 있는 것입니다.

삼성전자도 우타르프라데시에 연간 생산량 1억 2,000만 대의 세계에서 가장 큰 모바일폰 생산 공장을 준공하고 2021년에는 디스플레이 제조

공정도 이전을 마무리하는 등 2020년부터 5년간 약 60조 원(3.7조 루피) 규모의 모바일폰을 인도에서 생산할 계획입니다. 이 중 PLI 혜택을 받게 되는 부분은 약 35조 원 규모의 스마트폰(개당 24만 원) 생산 물량입니다.

애플도 인도 모바일폰 및 부품 수입관세에 대한 부담으로 폭스콘과 윈스트론을 통한 인도 현지 위탁 생산 규모를 의미 있는 수준으로 확대하고 있습니다. 2018년 기준 인도에서 판매되던 아이폰의 17%만이 현지 생산이었으나 2021년에는 76%까지 높아졌습니다. 또한 인도 공장에서 아이폰 수출도 시작했습니다.

ICEA^{India Celluar and Electronics Association}에 따르면 인도 정부의 생산량 연계 인센티브^{PLI}로 인해 기대되는 모바일폰 추가 생산량의 가치는 약 27.5조 루피(433조 원) 규모가 될 것이라고 전망했습니다.

백색가전산업의 본격적인 성장

인도 백색가전시장에서 선두 업체는 월풀오브인디아^{Whirlpool of India}입니다. 월풀오브인디아는 월풀(미국)의 자회사로 약 30년 전 인도 세탁기시장에 첫 진출했으며 이후 인도 현지 냉장고 생산 기업 인수합병 등을 통해 1996년 회사명을 변경했습니다.

구르가온^{Guraon}에 본사를 두고 파리다바드^{Faridabad}, 퐁디셰리^{Pondicherry}, 푸네 3곳에 생산 시설을 건설한 월풀오브인디아는 BSE(500238)와

NSE(WHIRLPOOL)에 각각 상장되어 있으며, 에어컨, 냉장고, 세탁기, 드라이어, 식기세척기 그리고 LED 전등을 포함한 백색가전시장을 리딩하고 있습니다. 2021년(이하 회계연도 기준) 매출액은 590억 루피(9,400억 원)로, 지난 5년간(2017~2021년)의 연평균 매출 성장률은 코로나 팬데믹의 영향으로 8%에 머물렀습니다.

인도 백색가전시장은 몇 개의 생산자가 시장을 지배하고 있는 모습입니다. 인도 세탁기시장을 예로 들면 5개의 생산자가 시장의 75%를 점유하고 있습니다. 인도는 아직 백색가전제품 보급률이 선진국 대비 크게 낮습니다. 2021년 기준 냉장고, 세탁기 보급률은 각각 35%, 16% 수준에 불과하며 기타 가전제품(믹서기, 다리미, 수도 펌프)의 보급률도 13~32% 수준에 머물고 있습니다. 인도투자진흥원에 따르면 2025년 에어컨, 냉장고 판매량은 2019년 대비 각각 약 150%, 80% 증가한 1,650만 대, 2,750만 대를 기록할 것이라 전망했습니다.

이러한 성장 전망에 설득력이 있다고 판단하는 이유는 2011년 67.6%에 불과했던 전기 보급률이 2019년 98%까지 가파르게 향상되었으며, 가처분소득 증가와 핀테크 및 이커머스산업의 성장으로 온라인 구매처가 다양해지고 신용대출(할부 포함) 기회도 많아지고 있기 때문입니다.

인도에서 어느 정도의 세탁기 신규 수요가 발생할 수 있을지 간단히 추정해보겠습니다. 2021년 기준 인도의 가구수는 약 3억 3,000만입니다.

전기 보급을 받지 못하는 약 500만 가구(약 2%)를 제외한 3억 2,500만 가구에 인도 세탁기 비사용 가구 비율 84%(세탁기 보급률 16%)를 적용하면 약 2억 7,000만 가구가 신규 세탁기 수요층이 될 수 있는 것입니다.

또한 과거 중국 백색가전시장의 성장 트렌드 확인을 통해 인도의 미래를 추정해볼 수도 있습니다. 중국의 백색가전 수요가 가장 가파르게 증가했던 시기는 2003~2010년입니다. 해당 기간 연평균 10%를 상회하는 성장세를 보였는데, 당시는 중국의 1인당 국민소득이 약 1,300달러에서 4,600달러까지 성장한 시기였습니다. 도시 지역 백색가전 보급률이 100%에 달할 때까지 높은 성장률을 보인 것입니다.

인도의 2020년 1인당 국민소득이 약 1,900달러이고 도시 지역 백색가전 보급률도 냉장고(약 71%)를 제외하면 대부분 50% 미만에 머물러 있다는 점을 감안하면 코로나 팬데믹이 정점에 도달했던 2020년을 바닥으로 점차 성장할 것으로 기대됩니다.

에어컨시장, 가전제품 중 소득 대비 수요 탄성치 가장 클 것

인도의 에어컨 보급률은 2020년 기준 13%에 불과하지만 가처분소득 상승과 함께 견고한 성장이 가능할 것이라 예상되며, 지난 몇 년간 진행된 핀테크와 이커머스산업의 성장도 시장 확대를 서포트할 것으로 기대됩니다.

중국의 에어컨 보급률도 2008년 54%로 다른 가전제품 대비 낮은 수준에 머물렀으나 소득이 성장할수록 수요 탄성치가 가장 높았습니다. 이는 한 가구당 평균 1개의 냉장고, 세탁기 수요가 발생하는 반면 에어컨의 경우 가구당 1개 이상의 수요가 발생하며 교체 기간도 비교적 짧기 때문입니다.

인도 가전제품 중 에어컨시장에서 가장 큰 시장점유율을 확보하고 있는 기업은 볼타스Voltas Limited입니다. 1954년에 설립된 볼타스는 인도 가전제품 제조판매 회사이자 에어컨시장에서 점유율 26%(2021년 기준)를 확보한 시장 1위 기업입니다.

볼타스의 대주주는 타타그룹의 홀딩 회사인 타타선스Tata Sons이며 BSE(500575), NSE(VOLTAS)에 각각 상장되어 있습니다. 볼타스는 인도뿐만 아니라 중동, 동남아시아 및 아프리카에도 진출해 있는데 지난 5년간 (2017~2021년, 회계연도 기준)의 연평균 매출 성장률은 코로나 팬데믹에 따

● **차트18 2020년 인도 가전제품 보급률**(도시, 시골 지역 합산)

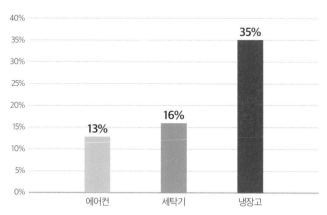

출처: The Economic Times

른 역성장의 영향으로 5.5% 성장에 그쳤습니다.

에어컨시장에서 두 번째로 큰 플레이어는 블루스타^{Blue Star}입니다. 블루스타의 대주주는 SBI펀드, 코탁마힌드라^{Kotak Mahindra}AM, ICICI 프루덴셜^{ICICI Prudential}AM 등 인도 주요 기관 투자자이며 BSE(500067), NSE(BLUESTARCO)에 각각 상장되어 있습니다. 2021년(회계연도 기준) 매출액은 432.6억 루피(6,900억 원)로 1위 업체 볼타스의 66% 수준이며, 주로 인도 내수 에어컨시장에 집중하고 있습니다(164쪽 iShare MSCI India Small-Cap ETF(SMIN) 관련 내용 참고).

글로벌 브랜드의 가전제품 생산 시설 인도 이전 본격화

인도에서 소비되는 가전제품은 보급형에서 중간급 제품들만 현지 생산되었고 프리미엄 모델 및 열교환 코일과 같은 핵심 부품들은 수입에 의존해왔습니다. 2018년에는 에어컨 수요의 50% 이상이 수입되기도 했습니다.

2018년에 발표된 가전제품에 대한 수입관세 인상은 이러한 산업 흐름을 파격적으로 바꾸는 첫 단추가 되었습니다. 이는 인도 정부가 설계한 '메이크 인 인디아'의 일환입니다. 냉장고, 세탁기, 에어컨에 대한 수입관세를 20%로 2배 인상했으며, 핵심 부품인 에어컨/냉장고용 압축기^{Compressor}에 대한 관세도 10%로 2.5%p 인상했습니다. 이로 인해 수입 가전제품 가격이 일제히 10% 상승해 시장 경쟁력이 낮아지게 되었습니다.

이후에도 가전제품에 대한 수입관세가 추가로 인상되었는데 2020~

2021년 냉장고, 세탁기, 에어컨 관련 부품 수입관세가 10%에서 12.5%로 그리고 12.5%에서 15%로 연속적으로 두 차례 인상되어 인도 현지 생산이 피할 수 없는 선택이 되고 있습니다.

인도 정부는 당근책도 발표했습니다. 생산량 연계 인센티브 제도입니다. 2021년 4월 7일 인도 정부는 백색가전 중 에어컨, LED 조명, 부품 등에 대한 생산량 연계 인센티브 계획을 승인(예산 지출 규모 623.8억 루피, 약 1조 원)했습니다. 다만 부품을 수입해 조립만 하는 업체들은 이 대상에서 배제했습니다.

2018년 가전제품과 부품에 대한 수입관세 인상과 더불어 2021년 발표된 인센티브 제도는 글로벌 가전제품 생산업체들이 생산 기지의 인도 이전을 결정하는 데 결정적인 역할을 하고 있습니다.

실제로 정부 정책 시행 이후 글로벌 메이커들의 인도 현지 생산 비중을 높이겠다는 계획이 끊임없이 발표되고 있습니다. 일본 히타치Hitachi의 경우 3년 내 인도 현지 공장 부품 수입을 지금의 절반으로 줄이고 인도 내 에어컨 생산 능력을 확대해 인도에서 수출되는 물량을 3배 늘리겠다는 목표를 발표했습니다. 보쉬(독일)의 BSH도 세탁기 공장을 중국에서 인도로 이전했으며, 냉장고를 포함한 백색가전 생산 시설을 추가적으로 이전할 계획이 있다고 밝혔습니다.

3부

'메이크 인 인디아'를 완성하는 '디지털 인디아'

5장

'디끼털 인디아'로 완성되는
제조업 진흥책

10억 명에 달하는 금융소외층 해소가
인도 제조산업 수요 성장의 핵심

인도의 제조업 진흥책(메이크 인 인디아) 이후 발표된 각종 인센티브와 수입관세 인상 정책은 실제 전기전자, 자동차 등 기업들의 생산 시설 인도 이전으로 이어지고 있습니다. 하지만 이러한 부양책에도 불구하고 인도의 총 GDP 대비 제조산업의 비중은 17.4%(2021년, 회계연도 기준) 수준에 머물고 있습니다. 2014년 모디 총리 집권 후 내세웠던 인도 경제의 '서비스산업 기반에서 제조산업으로의 전환'은 여전히 숙제로 남아 있는 것입니다.

다만 2020년 인도에 유입된 외국인 직접투자 내용을 살펴보면 향후 인도 제조산업 성장에 대해서 긍정적으로 전망할 수 있습니다. 2020년 글로벌 FDI가 전년 대비 42% 감소했지만 인도에 대한 FDI는 약 10% 증가한 817.2억 달러를 기록했습니다. 중국과 함께 유일하게 FDI가 증가한 국가였으며, 모디 총리가 집권한 2014년부터 무려 7년간 연평균 10.4% 성장이 지속된 것입니다.

여기서 주목할 점은 2020년에 유입된 FDI 중 약 26%(210억 달러)가 통신·디지털 기업(지오플랫폼)에 투자되었으며, 지난 5년간(2017~2021년, 회계연도 기준) 인도 핀테크 기업에 투자된 자금도 100억 달러 이상을 기록했다는 점입니다. 덕분에 같은 기간 인도 인터넷 보급률이 27%에서 56%까지 빠르게 높아질 수 있었고 핀테크, 이커머스 플랫폼 기업들의 본격적인 성장도 이루어졌습니다.

그리고 이러한 플랫폼들이 인도 소비 시장 성장의 걸림돌이었던 10억 명의 금융소외층 문제를 해결하고 있습니다.

인도 정부는 소비 시장 성장을 가로막던 금융소외층 문제 해결과 디지털사회로의 전환을 위해 2014년 '메이크 인 인디아'에 이어 2015년 '디지털 인디아'를 발표했습니다. 이후 릴라이언스지오와 같은 신규 이동통신 기업의 등장으로 인터넷 보급률이 빠르게 상승했고, 이를 바탕으로 페이티엠과 같은 핀테크 플랫폼들이 더욱 빠르게 성장하여 더 많은 금융소외층들에게 금융 서비스를 제공할 수 있게 되었습니다.

실제 이는 숫자로 확인할 수 있습니다. 인도의 스마트폰 사용자 대상 핀테크 앱 이용 비율Fintech Adoption Rate은 87%로 세계에서 가장 높으며, 디지털 결제 건수도 무서운 속도로 성장하고 있습니다. 인도결제공사National Payments Corporation of India, NPCI에 따르면 2022년 1월 한 달간 인도의 UPIUnited Payment Interface(여러 은행 계좌를 단일 모바일 애플리케이션으로 통합한 인터페이스)를 이용한 거래 건수는 46억 건(8.3조 루피)을 기록했는데, 이는 2017년 1월(446만 건, 169억 루피)과 비교해 1,035배 성장한 수치입니다. 인도의 인터넷 보급률 상승 그리고 핀테크산업의 성장과 함께 인도 디지털금융시장도 빠른 속도로 커지고 있는 것입니다.

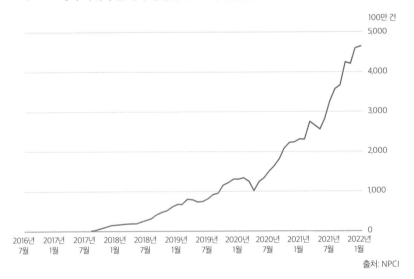

● **차트19 세계 최대 수준까지 성장한 인도 디지털 결제 건수**(UPI 기준)

출처: NPCI

인도 정부의 '디지털 인디아' 정책을 기반으로 빠르게 성장한 인도 핀테크 기업들이 그동안 금융기관과 거래를 하지 못하고 현금 거래만 하던 10억 금융소외층을 대상으로 온라인 계좌를 개설해주고, 자체 대안 신용평가 모델에 기반한 대출 상품도 출시하고 있습니다. 그리고 이는 인도 내수 소비 시장의 성장으로 이어지고 있습니다. 디지털 결제(UPI)가 2017~2021년(이하 회계연도 기준) 연평균 400%, 소매 결제 금액Retail Payments 도 2015~2021년 연평균 18% 성장한 것이 그 증거입니다. 이러한 변화를 감지한 글로벌 세소 기업들이 인도에 투자하는 선순환도 만들어지고 있습니다.

'메이크 인 인디아'로 시작된 인도 정부의 제조업 진흥책이 '디지털 인디아'로 완성되는 것입니다.

6장

디지털사회 전환으로
10억 미개척 시장이 열리다

현금사회에서 은행을 건너뛰고 디지털금융사회로

인도에서 은행 계좌를 가지고 있는 인구의 비중은 전체의 80% 수준입니다. 하지만 이들이 보유하고 있는 은행 계좌 중 약 40%가 미사용Inactive 계좌(잔고가 '0'이거나 미사용 중인 계좌)입니다. 이는 개발도상국의 미사용 계좌 비중 약 25%에 비해 크게 높은 편입니다. 대출 불가능한 인구까지 감안하면 실제 은행 거래를 하고 있지 않거나 못 하고 있는 인구, 즉 금융소외층은 10억 명에 가깝다고 볼 수 있습니다.

이렇게 많은 인구가 사용하지도 않는 은행 계좌를 개설하게 된 계기가 있었습니다. 모디 총리가 집권한 2014년에 시작된 정부 주도의 '전 국민 계좌 갖기' 운동Jan Dhan Yojana(금융 포용 프로그램) 때문입니다. 인도 정

부는 이를 통해 모든 인도 가
구가 하나의 계좌를 개설하도
록 장려했습니다. 은행 계좌 개
설 시 계좌주가 준비해야 할 서
류를 없애고 10억 명 이상의 성
인이 소지하고 있는 아드하르
Aadhaar(생체 인식 기반 전자신분

아드하르카드, 인도 생체인식 주민등록증

출처: Speednews

증) 12자리 ID 번호만 있으면 무無 수수료, 무無 잔액 계좌 개설이 허용되
었습니다.

실제 이러한 정부 프로그램의 도움으로 2016년 말 기준 약 2억 5,000만
개의 계좌가 개설되었으며 이후 단기간 가장 많은 계좌를 개설한 국가로
등록되어 '기네스 인증'을 받기도 했습니다.

현재까지의 인도

인도는 현금사회입니다. 금융소외층 10억 명이 존재한다는 것은 현금
으로 결제하는 인구수가 그만큼 많다는 것을 의미합니다. 특히 전체 인
도 인구의 65%(9억 명)가 살고 있는 시골 지역에서는 현금 거래가 여전히
주요 거래 방식입니다. 시골 거주 인구들은 교육률이 낮아 은행 거래에
대한 지식이 없으며 인터넷(은행 앱 등)에 자신들의 개인 정보를 입력하
는 것이 왜 유용한지 이해하지 못하고 있습니다. 뿐만 아니라 시골 지역
에는 은행 지점이나 ATM과 같은 인프라도 찾기 힘들며, 대부분의 상점

은 신용/직불카드로 결제할 수 있는 카드 단말기가 준비되어 있지 않습니다.

다행스러운 점은 최근 몇 년간 인터넷 보급률이 빠르게 상승하고 스마트폰 사용 인구가 증가함에 따라 인도 시골 지역에서도 디지털금융이 성장하고 있다는 점입니다. 물론 그 비중은 도시 지역에 비해 아직 크게 낮은 편입니다. 2021년 기준 인도 인구의 35%(약 4억 9,000만 명)가 몰려 있는 도시 지역에서는 이 인구의 65%(약 3억 2,000만 명)가 디지털 결제를 이용하고 있는 반면 65%(약 9억 명) 인구가 있는 시골 지역에서는 20%인 1억 8,000만 명만이 디지털 결제를 사용하고 있습니다.

이 수치는 지금도 빠르게 증가하고 있습니다. 스마트폰이 없어서 디지털 거래가 불가능한 시골 주민들은 공과금을 납부하거나 금융 거래를 하기 위해 긴 거리를 이동해야 하는데, 핀테크 기업이 에이전트 역할을 하는 리셀러Reseller를 고용해 이와 같은 문제를 일부 해결하고 있습니다. 스마트폰과 은행 계좌를 보유하고 있는 지역 주민을 리셀러로 고용해 이들의 스마트폰 앱(핀테크/이커머스)으로 지역 주민들의 공과금 납부와 금융 거래, 쇼핑까지 대신 해결해주고, 리셀러들은 해당 핀테크/이커머스 기업으로부터

인도 시골 지역 리셀러

출처: lightbox

76

수수료^{Fee}를 받는 방식입니다. 그리고 이러한 편의를 경험해본 주민들이 스마트폰을 구입해 직접 공과금 납부/결제, 쇼핑까지 하기 시작했습니다.

인터넷 보급률 상승과 스마트폰(핀테크/이커머스) 사용 인구 증가가 인도 경제에 미친 영향은 결코 작지 않습니다. 가장 큰 변화는 '소비'입니다. 은행이나 제도권 금융기관을 이용하지 않고 현금 거래만 했던 시골 지역 거주민들에게 대출, 할부 같은 금융 서비스를 제공함으로써 규모 있는 소비가 가능해졌습니다.

또한 시골 지역의 투자 성장 역시 기대할 수 있습니다. 인도 인구의 65%를 차지하는 시골 지역이 전체 GDP에 기여하는 비중은 약 27% 수준(2020년)인데, 향후 이 비중이 높아진다면 인도 전체 경제 성장 속도가 빨라지는 것은 당연한 수순일 것입니다.

현금사회에서 디지털금융사회로 전환

앞서 언급했던 것처럼, 인도인들은 물건을 살 때 은행카드보다는 주로 현금을 사용해왔고 시골 지역에서는 ATM기 찾기가 힘듭니다. 함께 근무했던 인도 현지 직원들도 자신들의 고향에 방문할 때면 며칠간 쓸 현금을 인출해 간다는 이야기를 들은 적도 있습니다.

이와 같이 인도에는 은행을 이용하지 못하는 인구가 많습니다. 이로 인해 주요 신용평가기관이 부여한 신용등급을 가진 인구수가 약 2.6억 명에 불과하고, 시중 금융기관으로부터 대출을 받을 수 있는 신용등급

보유자는 이 중 약 50%에 그칩니다(2020년 기준). 인도 정식 금융기관으로부터 대출을 받기 힘든 대다수의 국민들은 급전이 필요할 때 '론샤크Loan Shark'라고 불리는 동네 고금리 대부업체(일 1% 이상)를 이용할 수밖에 없으며, 이로 인해 사회문제가 발생하기도 합니다.

인도 정부는 금융 소외 문제가 사회문제로 번져가는 것을 막기 위해 2015년 '디지털 인디아' 정책을 발표합니다. 디지털 인디아는 디지털 경제 확장을 통해 소비를 진작할 뿐만 아니라 사회·금융소외층을 '포용'하기 위한 정책입니다. 즉, 인도 전역에 디지털 네트워크를 보급함으로써 디지털 문해력을 향상시키고 스마트폰, 디지털금융(결제/뱅킹 등) 사용을 장려하는 것입니다.

모디 총리, 디지털사회로의 전환을 가속화하기 위해 2015년 '디지털 인디아' 발표

출처: Indiatoday

실제로 '디지털 인디아' 발표 이후 릴라이언스지오(통신 기업)와 페이티엠(금융 플랫폼) 등이 더욱 빠르게 성장할 수 있었습니다. 디지털 인디아 정책 발표 직후 성장하기 시작한 인도의 디지털 경제는 2016년 인도 정부가 강력하게 추진한 '화폐개혁'과 같은 해 첫 론칭된 'UPI(은행 간 통합 결제 인터페이스) 디지털 결제', 그리고 '2020년 코로나 팬데믹' 등이 맞물려 더욱 빠르게 전개될 수 있었습니다.

2016년 화폐개혁, 디지털금융 성장을 촉진하다

2016년 11월 나렌드라 모디 인도 총리는 500루피, 1,000루피 구권 고액지폐 사용을 중단하고 새 지폐(500루피, 2,000루피)로 교체하도록 한 화폐개혁을 단행했습니다. 이는 시중에 유통되는 통화가치의 86%에 이르는 규모였습니다.

정부와 여당은 화폐개혁으로 세금을 피하기 위해 숨겨둔 검은 돈이 근절될 것이며 인도가 현금사회에서 디지털금융사회로 빠르게 전환하는 데 도움이 될 것이라 밝혔습니다.

다만 화폐개혁이 인도 경제에 미친 단기적인 충격은 컸습니다. 주로 현금에 의존하는 시골 경제를 망가뜨렸고 이는 부채 증가로 이어졌습니다. 경기침체는 개혁과 투자에 뒤처진 농가뿐만 아니라 다른 산업으로도 그 영향이 퍼졌습니다. 2014년 5월 모디 정부 출범 후 매분기 7%를 상회하는 성장을 이어가던 인도 경제성장률이 2016년 11월에 단행된 화폐개혁 여파로 2016년 8.3%에서 2017년 6.8%까지 떨어졌습니다.

화폐개혁이 당시 경제성장률 하락의 주요 요인이라고 판단되는 몇 가지 지표가 있습니다. 시골 지역 대출이 2016년 10월에서 2017

인도 화폐개혁 단행이 촉발한 혼란

출처: sabrangindia

년 4월 사이에 2.5% 증가하는 데 그쳤으며, 건설산업도 총부가가치 기준 마이너스 성장을 기록한 것입니다.

하지만 화폐개혁은 결국 디지털금융 거래의 폭발적인 성장 계기가 되었습니다. 화폐개혁이 발표된 2016년 11월 PPI^{Prepaid Payment Instrument}(디지털 지갑 등)를 이용한 디지털 결제가 510억 루피에서 2017년 1월에는 1,100억 루피로 약 2배 성장했습니다. 2016년에 출시된 UPI를 이용한 디지털 결제도 2017년 1월에는 446만 건을 기록했는데, 2022년 1월에는 46억 건으로 무려 1,035배 성장한 것입니다. 인도 대표 디지털 결제 플랫폼인 페

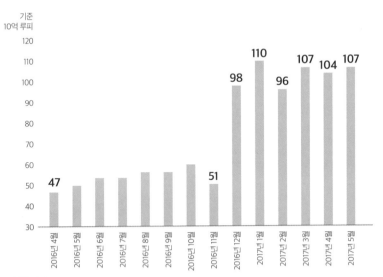

● **차트20** **화폐개혁 이후 인도의 디지털 결제* 추이**(디지털 지갑 등 PPI 기준)

기준
10억 루피

* 금액 기준

출처: SBI Research

이티엠의 유저수 역시 2015년 2월 2,300만 명에서 2017년 2억 명, 2021년 3억 5,000만 명 이상을 기록하는 등 빠르게 증가했습니다.

2016년 화폐개혁이 인도 디지털 경제를 약 3년 앞당겼다고 시장은 평가하고 있습니다.

인도 디지털 결제 건수 세계 최대로 성장

인도 국민들은 인도결제공사^{NPCI}에서 개발한 UPI를 통해 대부분의 인도 은행들을 이용할 수 있습니다. 거래할 때마다 은행 세부 정보 또는 민감한 개인 정보를 입력할 필요가 없기 때문에 접근성이 좋고 인도 중앙은행^{RBI} 규제 하에 서비스되고 있기 때문에 안정성도 높은 편입니다. 덕분에 2015~2021년(이하 회계연도 기준) 기간 동안 UPI를 이용한 결제는 연평균 400% 성장했고, 2021년 인도 전체 디지털 결제에서 UPI가 차지하는 비중은 60%까지 높아졌습니다.

UPI는 P2P(개인 간 거래)와 P2M(개인과 온라인/오프라인 상점 간 거래)으로 나뉘는데, P2M이 전체 UPI 거래 건수에서 차지하는 비중이 20~30% 수준이었으나 코로나 팬데믹으로 인해 2021년(회계연도 기준)에는 45% 수준까지 높아졌습니다. 결제 금액 기준으로는 P2P가 81%로 대부분을 차지하는데, 이는 상점(P2M)에서의 건당 평균 결제 금액(700루피)이 P2P(2,700루피) 대비 크게 적기 때문입니다.

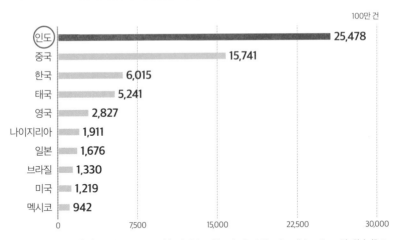

● **차트21 2020년 국가별 디지털금융 거래 건수 비교**(UPI 기준)

100만 건

인도	25,478
중국	15,741
한국	6,015
태국	5,241
영국	2,827
나이지리아	1,911
일본	1,676
브라질	1,330
미국	1,219
멕시코	942

출처: eMarketer, ACI Worldwide, Prime Time for Real Time in collaboration with GlobalData

2020년 인도의 총 디지털 결제(UPI 기준) 건수는 약 255억 건으로 세계 최대를 기록했습니다. 중국이 152억 건으로 두 번째로 많은 디지털 거래를 기록했고 그다음은 한국(60억 건), 태국(52억 건), 영국(28억 건) 순이었습니다.

인도에서 가장 많이 사용되는 UPI 플랫폼은 폰페^{PhonePe}, 구글페이 ^{Google Pay}, 페이티엠입니다. 이 세 업체들의 전체 UPI 결제 비중은 약 93%(2021년 9월 한 달 기준)에 달합니다.

2015년 설립된 폰페는 인도에서 가장 많이 사용되는 UPI 서비스 플랫폼으로 2016년부터 서비스를 제공하고 있습니다. UPI를 제공하는 첫 안드로이드 앱이었으며 2022년 1월 기준 총 이용자수는 약 3억 5,000만 명입니다. 영위하는 비즈니스는 선불 통신료 충전, 공과금 납부, 디지털 지갑, 보험, 자산관리 등의 서비스로 페이티엠과 유사합니다. 2021년 9월 기준 폰페에서의 UPI 결제 건수는 16억 5,319만 건을 기록하며 해당 월 인도 총 UPI 거래(36억 5,000만 건)에서 44%의 비중을 차지했습니다.

두 번째로 많이 이용되는 UPI 플랫폼은 구글페이입니다. 2021년 9월 기준 구글페이에서의 UPI 결제 건수는 12억 9,456만 건을 기록하며 해당 월 총 UPI 거래에서 36%의 비중을 차지했습니다. 2020년 11월까지 UPI 결제시장에서 최대 점유율을 차지하던 구글페이는 전체 UPI 결제시장의 성장을 이끌고 있는 P2M시장에서의 부진으로 폰페에게 1위 자리를 내주었습니다.

페이티엠은 세 번째로 큰 UPI 플랫폼입니다. 2010년에 설립되어 선불

● **차트22 인도 디지털 결제시장 점유율 TOP3**(UPI, 2021년 9월 기준)

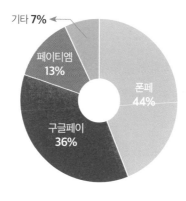

기타 **7%**
페이티엠 **13%**
폰페 **44%**
구글페이 **36%**

출처: news18

통신료와 DTH(유선방송) 충전 서비스를 시작으로 빠르게 성장한 페이티엠은 2021년 12월 기준 이용자수 3억 5,000만 명(전체 스마트폰 사용자의 약 65%) 이상을 보유한 인도 최대 핀테크 기업입니다. 페이티엠은 P2P 송금 및 P2M 결제, 공과금 납부, 선불 통신료 충전, 이커머스, 보험 판매, 디지털 지갑, 은행(페이먼츠뱅크) 등의 서비스를 제공하며, 2021년 9월 기준 UPI 결제 건수는 4억 6,271만 건으로 해당 월 총 UPI 거래에서 13%의 비중을 차지했습니다.

페이티엠의 UPI 결제가 증가세인데 이는 페이티엠이 강점을 가지고 있는 P2M에서 결제가 증가하고 있기 때문입니다. 페이티엠 UPI 거래 중 P2M이 차지하는 비중은 70%에 달합니다.

UPI 플랫폼 중 폰페와 페이티엠의 결제시장 점유율이 P2M 거래 증가로 상승하고 있습니다. 코로나 팬데믹 이후 더욱 빠르게 성장하고 있는 UPI P2M시장을 확보하기 위해 가맹점을 늘리는 데 투자한 것이 성과로 나타나고 있는 것입니다. 반면 이에 대한 대비가 부족했던 구글페이는 시장점유율이 소폭 하락했습니다.

2020년 12월 UPI P2M 거래 금액은 6,817억 루피(10조 7,000억 원)로 사상 처음으로 신용카드(6,360억 루피) 및 직불카드(6,467억 루피) 사용액을 초과했습니다. 또한 회계연도 기준 2022년 상반기(2021년 4~9월)에는 UPI P2M 결제 금액이 1,870억 달러(224조 원)를 기록하며 신용카드와 직불카드를 합한 금액인 1,850억 달러(221조 원)를 상회했습니다. 이는 인도 핀테크

플랫폼들이 오프라인 상점 가맹점을 늘리는 데 많은 투자를 하고 있기 때문입니다.

인도의 스마트폰 사용자 중 핀테크 사용 비율은 87%로 글로벌 평균인 64%와 비교해도 크게 높은 편입니다. 또한 2021년 말 기준 스마트폰 사용 인구 비중이 38%에 불과한데, 이러한 점들을 감안하면 앞으로의 인도 디지털금융시장의 성장성은 여전히 크다고 전망할 수 있습니다.

코로나 팬데믹, 인도 디지털사회를 앞당기다

2020~2021년 두 차례에 걸친 코로나 대확산과 락다운은 사회와 경제에 큰 손실을 입혔지만 디지털사회로의 성장을 촉진한 좋은 계기가 되기도 했습니다. 락다운 기간 동안 배달 중단과 상점 폐쇄로 디지털 결제가 감소했던 시기도 있었지만, 몇 년이 걸릴 수 있는 디지털 경제의 성장이 몇 달 만에 이뤄진 부분도 있기 때문입니다.

코로나 팬데믹 이전인 2019년 인도의 인터넷 보급률은 약 40% 초중반 수준이었으나 2021년 약 61%까지 상승했습니다. 또한 스마트폰 사용자 수도 같은 기간 약 1억 명이 증가했습니다. 재택근무와 온라인 수업이 이러한 변화에 큰 역할을 한 것으로 보입니다.

2021년 인도 스마트폰 판매량은 코로나 팬데믹에도 불구하고 전년 대비 12% 성장한 1억 6,200만 대를 기록했고, 스마트폰 구입의 절반가량이 온라인에서 발생했습니다. 일평균 스마트폰 사용시간은 39%나 증가한 4.6시간을 기록했는데, 이는 세계에서 세 번째(1위 인도네시아 5.2시간, 2위 브라질 4.8시간)로 긴 사용시간입니다.

디지털 결제도 빠른 속도로 안착했습니다. 회계연도 기준 2021년 디지털 결제 건수는 437억 건을 기록했는데, 이는 2020년(약 341억 건) 대비 약 28% 증가한 수치입니다. 디지털 결제에는 앞서 설명한 UPI와 은행 자체 앱을 이용한 모바일뱅킹, 핀테크 지갑 결제, AePS Aadhaar Enabled Payment System 결제(아드하르 번호와 지문/홍채 인식을 통해 상점 PoS기 및 소형 ATM에서 결제), 그리고 상점 PoS기를 통한 은행카드 결제 등이 있습니다.

7장

산업혁명 수준의 변화를 만들어낸 '디지털 인디아'

'아드하르' 생체 기반 신분증, '디지털 인디아' 정책 목표 달성의 주요 역할

나렌드라 모디 총리가 발표한 '디지털 인디아' 정책은 인도 전역을 고속 인터넷으로 연결함으로써 금융소외층 문제를 해소하고 사회소외층(라스트마일Last Mile)이 정부가 제공하는 서비스와 지원을 디지털을 통해 받을 수 있게 하는 것이 목적 중 하나였습니다.

　인도 정부는 이러한 목적을 달성하기 위해 속도감 있게 관련 인프라를 건설하는 데 집중했습니다. 그중 핵심 과제는 정부 주도(BBNL Bharat Broadband Network)의 인터넷 공급과 생체 기반 신분증인 아드하르카드 발급이었습니다.

바라트넷^{BharatNet}으로 알려진 BBNL은 인도 정보통신부가 설립하고 운영하고 있는 인터넷 공급 회사입니다. 바라트넷 프로젝트는 2023년까지 63만 개의 마을^{Village} 또는 25만 마을협의회^{Village Councils}에 광섬유^{Optic Fiber} 인터넷망(100Mbps)을 구축하고, 라스트마일로 분류되는 오지에는 와이파이 핫스팟을 설치함으로써 전국을 인터넷망으로 연결하는 것입니다.

2011년에 시작된 이 프로젝트는 2014년 모디 총리가 집권한 이후 디지털 인디아 정책 아래 더욱 빠르게 진행되고 있습니다. 2017년 바라트넷의 첫 번째 프로젝트로 30만 마을에 광섬유 인터넷망 설치가 완료되었고 두 번째 프로젝트도 나머지 33만 마을을 연결하기 위해 즉각 시작되어 2023년에 마무리될 예정입니다.

다만 아직까지는 당초 인도 정부 목표 달성에 어려움이 있습니다. 인터넷 연결 속도가 100Mbps에 미치지 못하는 곳이 많은데, 이러한 이유로 릴라이언스지오와 에어텔^{Airtel} 등 인도 민간 이동통신업체 서비스로 이동하는 가입자가 많이 생겨나고 있는 상황입니다.

디지털 인디아 목표 달성의 중요한 도구, 아드하르카드

2010년부터 발급되기 시작한 아드하르카드는 인도 여권 소지자와 카드 신청 직전 12개월 동안 182일 이상 체류한 거주 외국인이 지문 및 홍채를 등록하고 받는 12자리 ID 번호가 있는 주민등록증과 같은 신분증입니다. 2021년 기준 아드하르카드를 가지고 있는 인구는 약 13억 명으로 전체 인구의 94%에 달합니다. 세계 최대 생체 인식 ID인 것입니다. 인도 고유

신원식별청Unique Identification Authority of India, UIDAI에서 인증해 발급하고 있습니다.

아드하르카드는 디지털 인디아 정책 목표를 달성하는 데 중요한 도구 역할을 하고 있습니다. 예를 들어, 임금을 받기 위해서는 자신을 증명할 서류가 필요합니다. 그런데 대부분의 시골 지역 노동자들은 그러한 서류를 준비하기 힘들었고, 이에 인력 공급 중개인을 통해 현금으로 지급받아왔습니다. 하지만 아드하르 등록을 통해 은행 계좌 및 핀테크의 디지딜 시삽 개설이 가능해지면서 입출금 등 금융 서비스 이용이 손쉬워진 것입니다.

뿐만 아니라 아드하르 발급으로 이전에는 발견하지 못했던 부정들도 찾아낼 수 있게 되면서 약 8만 명의 무등록 위조 교사를 적발하기도 했습니다. 즉, 아드하르 발급 정책으로 사회소외층들이 정부 지원 혜택을 빠짐없이 받을 수 있게 되었으며, 위조문서로 새고 있었던 정부 보조금 등을 적발할 수도 있게 된 것입니다.

최근 결제 건수가 늘어나고 있는 AePS도 시골 지역 저소득층이 주로 이용하는 아드하르 기반 금융 거래 서비스입니다. 미니ATM이나 상점 PoS기에 아드하르 ID 번호를 입력하고 입금, 송금, 결제 등 원하는 서비스를 선택한 후 지문이나 홍채 스캔을 통해 손쉽게 금융 거래(연결된 은행 계좌를 통해) 및 본인 인증(eKYC) 서비스를 이용할 수 있습니다.

페이티엠 등 인도 주요 디지털 지갑에서도 지문이나 홍채 스캔을 통해

• 그림3 AePS-아드하르 기반 금융 거래

출처: NCPI

이용자 본인 인증(아드하르카드 발급 시 등록한 생체 정보와 일치하는지 확인)을 하고 디지털금융 거래를 손쉽게 할 수 있습니다. 아드하르카드 발급으로 금융소외층들의 디지털금융시장 편입이 더욱 빨라질 수 있게 된 것입니다.

이와 같이 모디 총리는 '디지털 인디아' 정책 아래 현금사회에 머물던 인도를 디지털금융사회로 빠르게 변모시키고 있습니다. '디지털 인디아' 정책 목표인 금융 포용이 더 가까워지고 있으며, 그 중심에는 정부/민간의 초고속 인터넷 공급 그리고 아드하르라는 생체 기반 신분증이 자리잡고 있습니다.

8장

릴라이언스지오, 인도 모바일 데이터 혁명을 이끌다

인도 시가총액 1위 기업(2022년 4월 기준) 릴라이언스인더스트리^{Reliance} Industries, RIL의 손자회사인 릴라이언스지오는 인도 제1의 이동통신업체입니다. 릴라이언스지오는 2016년 4G 모바일 브로드밴드 서비스 출시 6개월 만에 1억 명의 가입자를 확보하는 등 인도의 디지털 인프라 성장에 가장 큰 기여를 한 기업으로 평가됩니다(14장 릴라이언스인더스트리 기업분석 내용 참고).

릴라이언스지오의 인도 통신 사업 진출 계기와 사업 성과

RIL은 2010년 6월 IBSL^{Infotel Broadband Service Limited}의 지분 95%을 480억 루피(7,650억 원)에 인수했습니다. 구자라트주 기반의 비상장사인 IBSL은 2010년 초 인도 전역(22개 구역) 광대역 스펙트럼을 갖게 되는 입찰에서

1,285억 루피(2조 원)을 써내 낙찰된 업체였습니다.

RIL의 통신업 진출에는 흥미로운 이야기가 있습니다. 2002년 RIL의 창업주 사망 후 장남인 무케시^{Mukesh Ambani}는 당시 그룹 주요 사업인 정유·석유화학(릴라이언스인더스트리)을, 차남 아닐^{Anil Ambani}은 자회사인 통신(릴라이언스커뮤니케이션^{Reliance Communication}), 유틸리티(릴라이언스파워 ^{Reliance Power}), 금융(릴라이언스캐피털^{Reliance Capital}) 등을 물려받고 가족간 '경쟁 금지 합의'까지 맺었습니다. 하지만 그 이후 가스 유전 사업 관련 형제 간에 소송전이 지속되던 끝에 가족간 '비경쟁 합의'가 결국 파기됩니다. 게다가 2010년 장남인 무케시가 릴라이언스지오의 시초가 되는 브로드밴드 사업자인 IBSL을 인수하면서 동생 아닐이 큰 성과를 내지 못했던 인도 통신업에 본격적으로 진출하게 된 것입니다(112쪽 '아시아 최대 부자 무케시 암바니가 인도 이동통신 사업에 뛰어든 계기' 내용 참고).

IBSL 인수 후 무케시는 "이번 인수를 통해 인도 경제를 디지털 경제로 가속화하여 생산성을 높이는 동시에 높은 레벨의 소비자 경험을 제공할 수 있을 것"이라고 발표했습니다. 이후 RIL의 통신 자회사로 운영되던 IBSL은 2013년 1월 릴라이언스지오로 사명을 변경하고 본격적으로 통신 사업에 진출했습니다.

릴라이언스지오는 2016년 9월 4G 모바일 브로드밴드 서비스 첫 출시 후 2017년 3월까지 데이터 및 음성 서비스를 무료로 제공함으로써 출시 6개월 만에 1억 명의 가입자를 모을 수 있었습니다. 2019년에는 모바일 브로드밴드 서비스 이외에 광섬유 케이블을 통해 집과 사무실에 고속 인터넷, 유선방송/전화 등의 서비스를 제공하는 '지오파이버JioFiber'를 공식적으로 론칭했고 지역 케이블 사업자와 협력을 통해 빠르게 인도 내 커버리지를 넓혀가고 있습니다.

2017년부터는 4G 피처폰인 지오폰JioPhone 론칭을 시작으로 모바일폰 개발 및 판매로 사업 영역을 확장했습니다. 릴라이언스지오 네트워크에서만 사용 가능한 지오폰은 VoLTE가 지원되는 가장 저렴한(2021년 기준 1,799루피, 약 2만 9,000원) 피처폰으로 2021년 기준 사용자수가 1억 1,500만 명에 달합니다.

2021년 11월에는 구글과 합작해 개발한 지오폰넥스트(4G 스마트폰) 판매를 시작했습니다. 지오폰넥스트는 기존 지오폰 사용자를 포함해 최소 6억 명에 달하는 인도 피처폰/저가 스마트폰시장을 공략하기 위해 퀄컴 215 프로세스, 2GB RAM, 1,300만 화소 카메라를 탑재하고 스마트폰 최저가 수준인 6,499루피(10만 원)에 출시되었습니다.

릴라이언스지오의 세계 최저가 4G 이동통신 서비스,
인도 디지털 산업혁명으로 이어지다

인도에 고속 4G 인터넷이 첫 도입되었던 2015년 1GB 모바일 데이터 소비자 가격은 약 225루피(3,600원)였습니다. 하지만 2016년 9월 릴라이언스지오의 4G 모바일 브로드밴드 서비스가 출시된 이후 인도 모바일 데이터 가격의 극적인 하락이 진행되었으며, 2021년에는 세계에서 가장 낮은

● 차트23 인도 1G 모바일 데이터 가격 변동 추이

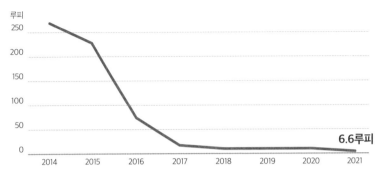

출처: TRAI

● 차트24 국가별 모바일 데이터 가격(1GB, 2020년 기준)

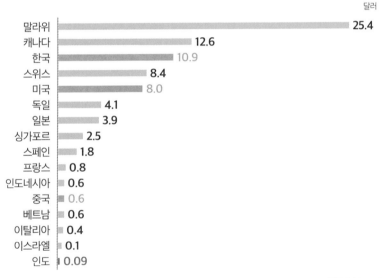

출처: Cable.co.uk

수준인 1GB당 6.6루피(107원)까지 하락했습니다.

세계에서 가장 낮은 모바일 데이터 가격은 인도가 전 세계에서 모바일 데이터를 가장 많이 소비하는 국가들 중 하나가 되는 데 기여했습니다. 인도의 월간 모바일 데이터 소비량 변화를 살펴보면 흥미롭습니다. 4G 서비스 출시 6개월 만에 인도 월간 모바일 데이터 소비량은 10억 GB까지 증가했는데 이는 출시 이전 기록된 2억 GB 대비 약 5배 성장한 것입니다. 참고로 2021년 3월 기준 월간 모바일 데이터 소비량은 약 72억 GB로 성장은 지속되고 있습니다.

릴라이언스지오의 2016년 4G 모바일 브로드밴드 서비스 출시 이후 크게 낮아진 인도 평균 모바일 데이터 가격은 인터넷 보급률 상승과 스마트폰 사용자수 증가로 이어졌습니다. 인도의 인터넷 보급률은 2016년 20% 중반에서 1년 뒤 2017년에는 36%까지 상승했으며, 스마트폰 사용자수도 같은 기간 약 1억 명 이상 증가한 것입니다.

릴라이언스지오가 쏘아올린 인도 모바일 데이터 혁명은 디지털 산업 혁명으로 이어지고 있습니다. 스마트폰 앱을 기반으로 한 핀테크, 이커머스 등 새로운 스타트업들이 빠르게 성장하면서 2016년에는 전 세계 앱 다운로드에서 인도가 중국에 이어 두 번째를 차지할 정도로 인도의 디지털 생태계는 빠르게 성장했습니다.

또한 릴라이언스지오 등장 전에는 10개에 불과하던 유니콘 기업(10억

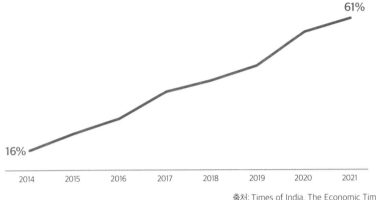

출처: Times of India, The Economic Times

달러 이상의 기업가치를 지닌 스타트업)도 2021년에는 53개까지 늘어났습니다. 인도 유니콘 기업들 중 가장 성공한 앱 기반 기업으로 평가되는 페이티엠, 플립카트Flipkart 등도 릴라이언스지오가 시작한 데이터 혁명 이후 성장이 본격화되었다고 볼 수 있습니다. 페이스북의 인도 가입자도 2016년 2억 명에서 2021년에는 4억 2,000만 명까지 증가했으며, 왓츠앱 가입자도 같은 기간 1억 9,000만 명에서 3억 9,000만 명으로 증가했습니다.

인도 모바일 데이터 혁명으로 시작된 인도 디지털 산업혁명은 디지털 금융시장의 가파른 성장으로 이어졌습니다. 2020년 인도가 중국을 제치고 디지털 결제 건수 세계 1위를 기록한 것입니다.

인도 통신시장 판도를 바꾸다

릴라이언스지오가 4G 모바일 브로드밴드 서비스를 출시한 2016년에는 이미 바르티에어텔[Bharti Airtel], 보다폰[Vodafone], 국영 기업인 BSNL 등을 포함해 약 10개 이상의 이동통신 기업이 경쟁을 하고 있었습니다. 하지만 릴라이언스지오 출범 이후 시장 판도가 빠르게 바뀌었습니다. 4G를 저가에 공급하는 릴라이언스지오의 전략에 경쟁사들이 버틸 수가 없었기 때문입니다.

릴라이언스지오는 서비스 출시 3개월 만인 2016년 12월 7,200만 명의 가입자를 확보하며 인도 이동통신시장 점유율 6.4%를 기록, 바르티에어텔 23.58%, 보다폰 18.16%, 아이디어셀룰러[Idea Cellular] 16.9%에 이어 네 번째로 높은 시장점유율을 차지하게 되었습니다. 2016년 연간 인도 이동통신 가입자 순증가수가 1억 1,648만 명이었는데 이 중 릴라이언스지오가 출시 3개월 만에 약 62%를 가져간 것입니다.

● **차트26 인도 통신사별 데이터 패키지**(2022년 2월 제공 패키지, 일 3GB 데이터 사용 기준)

	지오	에어텔	보다폰아이디어
가격(루피)	419	599	475
일 제공 데이터	3GB	3GB	3GB
총 제공 데이터(28일간)	84GB	84GB	84GB
1GB당 가격(루피)	4.99	7.13	5.65
서비스 사용 기간	28일	28일	28일
기타 제공 서비스	무제한 통화, 무료 Live TV, VOD, 뮤직 서비스 등		

출처: Businessinsider, 2022년 2월 기준

릴라이언스지오 출범 6개월 후에는 업계 내 구조조정도 빠르게 진행되었습니다. 당시 업계 3위를 차지하던 아이디어셀룰러와 보다폰인디아가 합병(보다폰아이디어로 사명 변경)했으며, 2020년에는 이동통신업계 2위 업체인 바르티에어텔이 타타텔레서비스^{Tata Teleservices}를 인수했습니다. 2021년 8월 말 기준 무선 인터넷시장(전체 가입자수 8억 1,346만 명)은 빅3로 재개편되었는데, 릴라이언스지오가 가입자수 4억 4,386만 명(시장점유율 55%)으로 선두를 차지하고 있고, 그다음이 바르티에어텔로 가입자수 2억 227만 명(25%), 보다폰아이디어가 가입자수 1억 2,352만 명(15%)으로 3위를 차지했습니다. 참고로 국영 기업인 BSNL은 1,819만 명으로 4위를 차지했습니다.

● **차트27** **4년 만에 4배 가까이 성장한 릴라이언스지오 가입자수**(회계연도 기준)

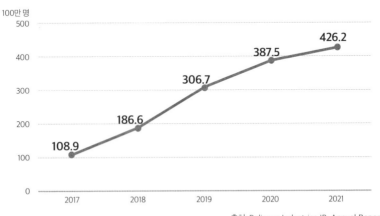

출처: Reliance Industries IR, Annual Report

릴라이언스지오의 실적은 릴라이언스인더스트리 IR 자료에서 확인할 수 있습니다. 릴라이언스지오는 2016년 9월 모바일 브로드밴드 서비스를 시작한 이후 1년 3개월 그리고 유료 서비스를 시작한 지 2분기 만에 흑자를 달성했다고 발표했습니다. 릴라이언스지오의 2018년 3분기(2017년 10~12월, 회계연도 기준) 실적은 매출액 688억 1,000만 루피(1조 1,000억 원), 순이익 50억 4,000만 루피(800억 원)를 각각 기록하여 처음으로 흑자 전환에 성공했습니다.

2016년 9월 릴라이언스지오의 등장과 함께 시작된 인도 이동통신시장에서의 요금 전쟁은 경쟁사들의 실적 악화로 이어졌습니다. 릴라이언스지오 등장 전 최대 시장점유율을 확보하고 있던 바르티에어텔은 릴라이언스지오의 4G 서비스 론칭 이후 7개 분기 연속 이익 감소를 기록했습니다. 또한 회계연도를 기준으로 2018년 4분기(2018년 1~3월)에는 15년 만에 처음으로 인도 이동통신 사업 부문에서 65.2억 루피(1,000억 원) 적자를 기록했는데, 고객들의 데이터 소비는 증가했지만 릴라이언스지오와의 가격 경쟁으로 가입자당 월평균 매출이 116루피(1,800원)까지 하락했기 때문입니다. 이는 릴라이언스지오 서비스 출시 이전(2016년 1~3월, 194루피)과 비교해보면 무려 42%나 감소한 것입니다.

릴라이언스지오의 2022년 4분기(2022년 1~3월) 매출액은 2,090억 루피(3조 4,400억 원), EBITDA(감가상각전 영업이익) 1,055억 루피(1조 7,400억 원)를 각각 기록했습니다. 이를 첫 흑자를 기록했던 2018년 3분기(2017년 10~12월)와 비교해보면 매출액, EBITDA는 각각 304%, 402% 성장한 것입

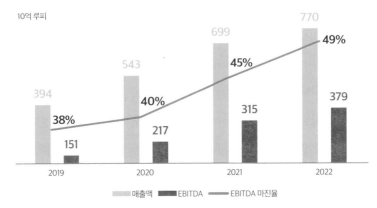

● **차트28　성장 모멘텀이 지속되고 있는 릴라이언스지오 영업실적**(회계연도 기준)

10억 루피

394　　38%

151

543　　40%

217

699　　45%

315

770　　49%

379

2019　　2020　　2021　　2022

　매출액　■ EBITDA　━ EBITDA 마진율

출처: Reliance Industries IR

니다. EBITDA 마진율은 50%로 한국의 SK텔레콤(2021년 EBITDA 마진율 33%)과 비교해도 크게 높은 편입니다.

　주요 경영성과 지표를 살펴보면 2022년 4분기(2022년 1~3월) 가입자수가 2018년 3분기(2017년 10~12월) 대비 약 2억 5,000만 명(2022년 3월 말 기준 총 가입자수 4억 1,000만 명) 이상 증가했으며, 가입자당 월 데이터 소비량도 2배 이상(2018년 3분기 9.6GB/월 vs 2022년 4분기 19.7GB/월) 상승했습니다.

릴라이언스지오의 실적 성장 모멘텀이 지속될 것으로 기대되는 이유

2020년 기준 인도의 모바일폰 사용자수는 약 11억 명입니다. 전체 인구의 약 79%만이 모바일폰을 사용하고 있는데, 이 중 6억 명이 피처폰 사용

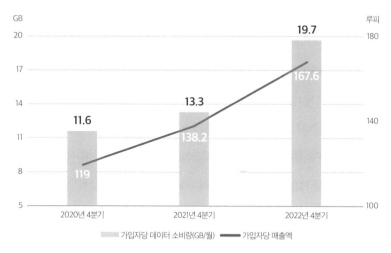

출처: Reliance Industries IR

자, 약 5억 명이 스마트폰 사용자입니다. 시간이 지날수록 스마트폰으로의 교체 수요뿐만 아니라 신규 수요 증가도 기대할 수 있는 것입니다.

인도 이동통신산업 1위를 차지하고 있는 릴라이언스지오는 인도 스마트폰시장 성장의 최대 수혜주 중 하나입니다. 그 이유 중 첫 번째는 스마트폰과 피처폰 사용 요금제 차이에 있습니다. 스마트폰의 모바일 데이터 요금제는 피처폰 대비 12~72% 높습니다. 따라서 피처폰에서 스마트폰으로 사용자 이동이 진행될수록 사용자당 매출은 요금제 차이만큼의 성장을 할 수 있습니다.

또한 피처폰 사용자들 중 모바일 데이터를 사용하고 있는 비중이 크게 낮은 편이기 때문에 스마트폰으로의 교체 증가는 추가 데이터 매출 발생으로 이어질 수 있음을 의미합니다. 피처폰에서 스마트폰으로 이동이 증가할수록 모바일 요금제 차이 이상의 실적 성장이 기대되는 이유입니다.

두 번째는 자체 브랜드(지오폰)로 출시한 스마트폰 판매 성장도 기대되기 때문입니다. 2021년 릴라이언스지오와 구글이 합작해 개발한 지오폰넥스트는 퀄컴215프로세서와 2GB RAM, 1,300만 화소 카메라를 탑재하고도 스마트폰 평균 가격 대비 30% 이상 저렴한 6,499루피(약 10만 원)에 출시되었습니다.

1억 1,500만 명에 달하는 전작 지오폰 사용자와 3억 명에 달하는 2G 피처폰 사용자를 타깃으로 하는 지오폰넥스트는 전체 스마트폰시장의 25%에 달하는 7,500루피(약 12만 원) 이하 저가시장에서 대안으로 떠오르고 있습니다. 또한 스마트폰과 피처폰의 교체 주기가 각각 2년과 3년인데, 이 교체 수요도 꾸준한 편이기 때문에 2억 대 이상의 판매가 기대됩니다.

흥미로운 점은 지오폰넥스트는 듀얼SIM을 지원하는데, 2017년 출시한 지오폰과는 다르게 릴라이언스지오뿐만 아니라 경쟁사 네트워크도 이용할 수 있다고 밝혔습니다. 다만 내용을 살펴보면 숨겨진 전략이 있습니다. 모바일 데이터는 릴라이언스지오의 네트워크를 통해서만 사용 가능하고, 다른 통신 네트워크는 전화를 걸고 받는 데에만 사용 가능하

JioPhone Next
CREATED WITH Google
Naye India ka NEXT Smartphone

출처: Indiatoday.in, Amazon, Google

다는 것입니다. 즉, 모바일 브로드밴드는 오직 릴라이언스지오의 네트워크에서만 이용 가능하기 때문에 지오폰넥스트 판매를 통해 기기뿐만 아니라 모바일 데이터 매출 성장도 기대할 수 있다는 의미입니다.

2022~2023년 5G 상업 서비스 론칭
RIL 리테일 사업 부문 성장 발판 마련

2022년 하반기 진행 예정인 5G 스펙트럼 경매가 마무리되면 6개월 후부터는 일부 대도시를 시작으로 통신사들의 5G 서비스가 인도에서 본격적으로 제공됩니다. 업계 1위 릴라이언스지오는 5G 준비 첫 테스트에서 다운로드 속도가 1Gbps에 도달했으며 경쟁사 중 최초로 5G 서비스를 출시할 수 있을 것으로 전망됩니다.

릴라이언스지오는 자체 엔지니어들의 기술로 클라우드 네이티브한 (확장성과 유연성이 확보된) 5G 솔루션을 개발했으며 자립형Stand alone 5G 네트워크를 전국 데이터 센터에 설치했습니다. 2021년 기준 데이터 다운로드 속도와 커버리지 확장을 가능하게 하는 MIMOMultiple Input Multiple Output(동일한 무선 채널을 통해 여러 데이터 신호를 동시에 송수신하는 무선통신 기술. 더 빠른 데이터 처리와 용량 증가가 가능해짐)와 5G 소규모 장비도 개발 중에 있으며, 인도 내 5G 서비스가 성공적으로 운영된다면 이후 다른 나라의 통신 기업들에게도 수출할 계획을 가지고 있습니다.

2022~2023년 인도 내 5G 상업 서비스가 시작되더라도 이 정도의 5G 품질이 단기간 인도 전역에서 고르게 유지될지는 지켜봐야 하겠지만 4G 상업 서비스 시작 5년 만에 이뤄낸 눈부신 성과를 감안하면 릴라이언스지오의 5G 서비스 품질과 성장 가능성에 대해 높게 평가할 수 있습니다.

2022~2023년 5G 서비스가 시작된다면 인도 내 더 나은 커머스, 의료, 교육, 엔터테인먼트 관련 애플리케이션 서비스가 가능해질 것인데 RIL의 또 다른 미래 성장 사업인 소매Retail 부문의 본격적인 성장도 기대할 수 있을 것입니다. RIL의 사업은 정유/석유화학, 통신, 리테일 등 3부문으로 크게 나눌 수 있는데, 릴라이언스리테일Reliance Retail은 매출액 기준 인도 최대 소매 기업입니다. 릴라이언스프레시Reliance Fresh(신선식품), 릴라이언스스마트Reliance Smart(생활용품), 릴라이언스디지털Reliance Digital 등 제품 카테고리별 리테일 브랜드를 보유하고 있으며, 오프라인 매장 이외에도 AJIO(패션·의류), 지오마트(신선식품 및 생활용품)와 같은 온라인 플랫폼

도 운영하고 있습니다.

인도 유선 인터넷시장도 넘보는 릴라이언스지오의 기세

릴라이언스지오는 가정과 사무실에 광케이블 가입자망 방식^{Fiber To The} ^{Home, FTTH}으로 1Gbps 초고속 인터넷을 보급하는 지오화이버^{Jio Fiber}를 설립하고 2019년 9월 첫 상업 서비스를 시작했습니다. 또한 유선 초고속 인터넷 서비스를 시작으로 온라인TV 플랫폼(지오기가티비^{Jio Giga TV})과 사물인터넷^{IoT} 생태계 사업 부분도 성장시키고 있습니다.

인도의 인터넷시장은 모바일(무선)을 중심으로 성장해왔습니다. 이는 저렴한 스마트폰 가격(2020년 평균 가격 156달러)과 릴라이언스지오의 등장으로 세계 최저 수준까지 낮아진 인도 모바일 데이터 가격 등에 기인합니다.

이에 반해 유선 인터넷 보급률은 무선 인터넷 대비 크게 뒤처지는 수준입니다. 수치로 살펴보면 유선 초고속 인터넷의 가입자수는 2021년 말 기준으로 약 2,380만 명에 머물렀습니다. 이는 인도 무선 인터넷 가입자수 8억 1,346만 명(2021년 8월 말 기준) 대비 크게 낮은 수치입니다.

인도 광케이블 초고속 인터넷시장의 성장세가 유지될 것이라 예상하는 이유는 2019년 9월 지오화이버 출시 이후 경쟁사들도 유선 초고속 인터넷 요금제 인하와 번들^{Bundle} 서비스 등 많은 고객 혜택을 제공하고 있으며, 코로나 팬데믹 이후로 재택근무, 재택수업 등이 정착되고 있기 때문입니다.

현재 인도 유선 인터넷시장에서 가장 높은 시장점유율을 확보하고 있는 업체는 국영 통신업체인 BSNL입니다. 인도 이동통신시장(모바일 브로드밴드)에서 BSNL의 시장점유율은 4위(가입자수 기준)에 불과하지만, 인도 유선 인터넷시장에서의 점유율은 2021년 8월 기준 21.5%(549만 가입)으로 가장 높습니다. 릴라이언스지오(14.5%, 371만)와 에어텔(14.45%, 369만)이 그 뒤를 각각 잇고 있는데, 릴라이언스지오의 성장 속도가 가장 두드러집니다. 릴라이언스지오의 월평균 유선 인터넷(광섬유 인터넷망) 신규 가입자 증가 추세는 20만 명 이상으로 경쟁사들 중 가장 큰 규모입니다. 이를 감안하면 릴라이언스지오가 인도 유선 인터넷시장 점유율 1위를 탈환하는 것도 시간문제일 것으로 예상됩니다.

지오플랫폼, 구글과 메타로부터 대규모 투자 유치
글로벌 기업들과 '전략적 협력 관계 구축'하고 '재무 건전성'도 확보

정유/석유화학부터 시작한 RIL의 사업은 통신(릴라이언스지오)과 소매 부문(릴라이언스리테일)까지 영역을 확장하고 있습니다. 특히 통신 사업 성장 이후 미래 사업 전략 방향을 온라인 리테일 사업으로 정하고 투자해온 RIL은 더 빠른 성장을 위해서는 글로벌 기업들과 전략적인 협력 관계가 필수라고 판단했습니다. 이후 구글, 메타(전 페이스북)를 지오플랫폼의 핵심 전략 투자자로 초대해 통신 사업 부문뿐만 아니라 새로운 성장 동력이 될 온라인 리테일 부문까지 협력하고 있습니다.

2020년 4월 메타는 지오플랫폼에 4,357.4억 루피(6조 9,000억 원)를 투자해

9.99% 지분을 확보했는데, 이후 인도 왓츠앱(메신저)에 지오마트가 탑재되어 고객들에게 더 많이 노출될 수 있도록 하는 협력이 시작되었습니다.

2020년 5월 공식적으로 서비스를 시작한 지오마트는 200개가 넘는 도시에서 서비스 이용이 가능하며 서비스를 제공한 지 1년도 지나지 않아 일일 활성 사용자수가 인도 최대 온라인 식료품 배달업체인 빅바스켓Big Basket과 블린킷Blinkit을 넘어섰습니다. 글로벌 기업과의 협력으로 통신 사업 부문에서 시너지를 내고 있을 뿐만 아니라 새로운 성장 동력이 될 온라인 리테일 사업도 연착륙에 성공하고 있는 것입니다(22장 메타플랫폼 기업분석 내용 참고).

2020년 7월 구글도 지오플랫폼에 3,373.7억 루피(5조 3,400억 원)를 투자해 지분 7.73%를 확보하고 전략적 투자자가 되었습니다. 이후 구글과는 공동개발을 통해 2021년 11월 안드로이드 기반의 첫 스마트폰 지오폰넥스트를 론칭하는 등 스마트폰 사업부터 클라우드 서비스까지 협력하고 있습니다.

이커머스 사업에서도 이러한 협력이 이어지고 있습니다. 지오마트(신선식품 및 생활용품)에 입점되어 있는 인도 동네 상점Kirana Shop들이 구글클라우드를 통해 머신러닝/수요 예측 등의 서비스를 이용할 수 있게 된 것입니다.

릴라이언스지오와 마이크로소프트와의 비즈니스 협력도 2019년부터 본격화되었습니다. 2019년 8월에는 마이크로소프트 애저Azure(클라우드 서비스)와 10년간 파트너십을 맺기로 합의하고 인도 두 지역(구자라트주 잠나가르Jamnagar와 마하라슈트라Maharashtra주 나그푸르Nagpur)에 10MW 규모의 지오-애저 클라우드 데이터 센터 운영을 시작했습니다. 릴라이언스지오가 데이터 센터를 건설(차세대 컴퓨팅, 스토리지, 네트워크 기능)하고 마이크로소프트가 애저 클라우드 호스팅을 제공하는 것입니다.

종합하면, 모회사인 RIL은 2020년 4월부터 7월까지 지오플랫폼 지분 중 32.97%를 13개 기업 및 투자기관에게 매각하고 1조 5,200억 루피(23조 8,000억 원)의 자금을 조달했습니다. 평균 기업가치를 약 4조 6,000억 루피(72조 7,000억 원)로 산정한 것입니다.

첫 지분 매각은 메타가 2020년 4월 9.99% 지분을 4,357억 루피(6조 9,000억 원)에 인수하기로 합의하면서 시작되었습니다. 이후 6개의 미국 사모펀드 회사에 9.38%, 중동 국부펀드에 5.33%의 지분을 각각 매각했습니다. 그리고 7월에 인텔(0.39%), 퀄컴Qualcomm Ventures(0.15%), 구글(7.73%)을 마지막으로 지분 매각을 마무리했습니다. 지오플랫폼 지분 100%를 보유하고 있던 RIL은 이번 매각으로 지분율이 67.03%로 감소했으며 전략적 투자자들(메타, 구글, 인텔, 퀄컴)은 18.26%를 확보하게 됩니다.

RIL은 재무건전성을 높이기 위해 지오플랫폼 지분 매각과 함께 2020년 6월 유상증자를 실시했고, 이를 통해 5,312억 루피(8조 4,200억 원)를 추가 조달했습니다. 또한 영국 BPBritish Petroleum와 인도 석유 판매업(주유소)을 목적으로 하는 조인트벤처인 릴라이언스-BP모빌리티RBML(RIL 51%, BP 49%)를 설립·운영하기로 합의하고 700억 루피(1조 1,000억 원)를 투자받았습니다.

2020년 3월 말 기준 RIL 연결 재무제표의 순차입금(총차입금-보유 현금)는 1.6조 루피(25조 원)였으나, 성공적인 투자 유치와 유상증자를 통해 2020년 7월부터는 순현금 포지션으로 돌아설 수 있게 되었습니다. 즉, 기업의 현금 보유액이 차입금보다 크다는 것입니다. 2021년 9월 말까지도 RIL의 순현금 포지션은 유지되었습니다.

라스트마일 해소-릴라이언스지오의 가장 큰 업적

디지털로 인도 전역을 연결하고 도시, 시골 지역의 격차를 줄여 '라스트마일'을 해결하겠다는 '디지털 인디아' 정책은 2016년 4G 모바일 브로드밴드 서비스를 시작한 릴라이언스지오가 등장하면서 빠른 속도로 효과를 보기 시작했습니다. 4G는 SMS, MMS, 사진 메시징 송수신만 가능했던 2G(CDMA)나 모바일 인터넷 사용이 처음으로 시작되었던 3G(USIM)와 달리 모바일뱅킹, 고화질 화상회의 및 동영상 등의 기능이 가능했기 때문에 라스트마일 해소에 기여할 수 있었던 것입니다.

2016년에 첫 서비스를 시작한 릴라이언스지오가 모바일 데이터 혁명을 일으킬 수 있었던 배경에는 모기업인 RIL의 든든한 자금력이 있었습니다. 2016년 9월 첫 서비스 출시 후 6개월간 많은 고객을 빠르게 확보할 수 있었던 것은 약 225억 달러 이상의 투자를 통해 무료로 모바일 데이터를 제공했기 때문입니다. 이후에도 1GB 모바일 데이터를 단돈 100원 수준으로 판매하는 등 통신 데이터시장의 혁명을 이어가고 있습니다. 인터넷 요금을 감당할 수 없었던 시골, 도시 지역 수억 명의 인도인들에게도 디지털사회로의 문을 열어준 것입니다.

릴라이언스지오는 이러한 방식으로 2016년 등장 이후 5년 동안 약 4억 4,000만 명의 가입자를 확보했으며 이동통신시장 점유율 50% 이상을 차지한 인도 최대 모바일 이동통신 기업으로 성장할 수 있었습니다.

릴라이언스지오가 인도 이동통신업계에 미친 영향은 실로 대단했습니다. 대표적으로 인도 평균 데이터 요금이 1년도 되지 않아 5분의 1 수준으로 하락했습니다. 2016년 8월 1GB당 250루피(4,000원)였던 요금은 2017년 8월 50루피(800원)까지 내려왔는데, 이후에도 경쟁사들 간의 가격 경쟁으로 2020년 1GB당 요금은 2017년 대비 87% 추가 하락한 6.7루피 (100원) 수준까지 떨어진 것입니다. 이는 세계 최저 수준입니다.

큰 폭의 데이터 가격 인하는 모바일폰 사용자들의 데이터 사용량 증가로 이어졌습니다. 2016년 8월 인도의 월 모바일 데이터 소비량은 2억 GB 수준이었는데 릴라이언스지오 서비스 론칭 후 6개월 만에 10억 GB, 2021년 3월에는 약 72억 GB로 가파른 성장이 지속되고 있습니다.

데이터 소비량 증가에도 불구하고 인도인들이 부담하는 월평균 통신 요금은 2016년 12월 349루피(5,600원)에서 4년이 지난 2020년 하반기에는 약 25% 감소한 260루피(4,100원)로 낮아졌습니다. 인도 디지털 생태계가 빠르게 발전할 수 있는 기초가 만들어진 것 입니다.

이는 인도 시골 지역의 라스트마일 해소에 큰 기여를 하고 있습니다.

2016년(회계연도 기준) 인도 시골 지역 인구 대부분은 2G에 의존하고 있었습니다. 전체 시골 인구(9억 명 이상) 중 모바일 인터넷 접속이 가능했던 비중은 약 9% 수준이었습니다. 하지만 이 비중은 2016년 릴라이언스 지오의 모바일 브로드밴드 서비스 론칭 이후 회계연도 기준 2018년 15%, 2021년 31%까지 가파르게 상승했습니다.

시골 지역 인터넷 보급률 상승은 금융소외층 해소를 의미하는 '디지털 결제 건수 증가'로 자연스럽게 이어졌습니다. 2016년 말 기준 시골 지역에서 디지털 결제를 이용한 인구수는 0.3%(약 250만 명)에서 2019년 16%(약 1억 4,000만 명), 2021년에는 약 20%(약 1억 8,000만 명)까지 상승하는 등 폭발적인 증가세가 이어지고 있는 것입니다. 그동안 시골 지역과 도시 간의 격차가 컸으나 릴라이언스지오가 시작한 모바일 데이터 혁명으로 인도 시골 지역도 디지털사회로의 전환이 본격화되고 있는 것입니다.

● **차트30 인도 시골 지역 인터넷 보급률**(회계연도 기준)

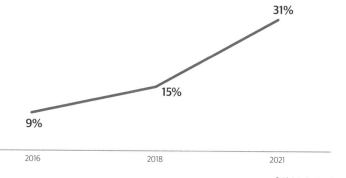

출처: hindustantimes

아시아 최대 부자 무케시 암바니가 인도 이동통신 사업에 뛰어든 계기

인도 내 최대 시가총액을 자랑하는 RIL의 최고경영자이자 이사회 의장인 무케시 암바니는 1,000억 달러가 넘는 자산을 보유한 아시아 최고이자 세계에서 14번째 부자(2021년 10월 14일 기준)입니다. RIL은 무케시의 아버지인 디루바이 암바니Dhirubhai Ambani가 1960년대에 설립한 섬유 회사를 모태로 하고 있으며, 이후 정유/석유화학을 시작으로 30여 년에 걸쳐 IT, 에너지, 전력, 통신, 금융 등 다양한 분야로 사업을 확장했습니다. 성공적인 사업다각화를 통해 아버지인 디루바이 암바니와 그의 두 아들 무케시, 아닐은 RIL을 인도 최대의 민간 기업으로 키우게 됩니다.

두 형제간에 문제가 생긴 것은 창업주인 아버지의 사망 이후입니다. 경영권을 둘러싸고 무케시와 아닐 사이에 불화가 생긴 것입니다. 2002년 7월 RIL의 창업주 디루바이가 사망한 후 장남인 무케시가 RIL 등 가족 소유 기업에 대한 경영권을 행사했는데, 이에 동생 아닐이 반기를 들면서 그룹 경영권 분쟁이 시작되었습니다.

2005년 다행히 어머니가 중재에 나서 그룹 분할 상속에 대한 합의가 이뤄지게 되고 형제가 각자 진출해 있는 사업에서는 경쟁하지 않겠다고 약속하는 가족 간 '경쟁 금지 합의서'에도 사인할 수 있었습니다. 동생 아닐 암바니가 통신(릴라이언스커뮤니케이션), 유틸리티(릴라이언스파워), 금융(릴라이언스캐피탈)을, 형 무케시는 릴라이언스인더스트리(정유·석유화학)와 IPCLIndian Petrochemicals Corporation(인도 석유화학공사)을 맡는 것으로 합의를 한 것입니다. (IPCL은 1969년에 인도 정부가 설립한 석유화학공사이며 1992년 NSE와 BSE에 상장되었습니다. 2002년 인도 정부는 RIL 그룹에 IPCL 지분 46%를 매각했으며, 무케시가 상속받은 후 2007년 IPCL은 릴라이언스인더스트리에 합병됩니다.)

하지만 상속이 마무리된 이후에도 형제간의 문제는 지속됩니다. 무케시의 RIL이 인도 동부 연안 가스 유전을 소유하고 있는데, 동생 소유의 RNRL Reliance Natural Resources Ltd에 공급하는 가스 공급량과 가격이 2005년 상속 당시 형제간 체결한 합의서와 다르다며 동생(RNRL)이 형(RIL)을 상대로 소송을 한 것입니다. 하지만 법원은 결국 가족 간의 계약보다 국익에 도움이 되는 계약이 우선한다며 형 무케시의 손을 들어줬습니다. 이것이 계기가 되어 가족 간 비경쟁 합의가 파기됩니다. 2010년 이 사건이 일어난 직후 무케시는 릴라이언스지오의 모태가 되는 브로드밴드 사업자인 인포텔 IBSL을 인수하면서 동생이 운영하던 기업(릴라이언스커뮤니케이션)의 시장인 무선 통신업에 뛰어든 것입니다.

2016년 9월 형 소유 RIL의 자회사 릴라이언스지오가 4G 서비스를 첫 론칭, 무료 데이터 및 음성 서비스를 제공하며 빠르게 가입자를 끌어 모았습니다. 이후 릴라이언스커뮤니케이션은 내부 구조조정을 단행하는 등 내리막길을 걷기 시작합니다. 2018년에는 릴라이언스커뮤니케이션의 첫 번째 도산 절차가 진행되었는데, 당시 동생 아닐은 개인 보증(에릭슨에 부채)까지 섰으나 해결하지 못했던 약 55억 루피(900억 원)를 형

인 무케시가 대신 지불하면서 위기를 넘길 수 있었습니다. 하지만 결국 2019년 2월 릴라이언스커뮤니케이션은 부채 상환을 위한 자산 매각에 실패하면서 파산 신청을 하게 됩니다.

9장

핀테크, 인도인의
생활을 바꾸다

3단계로 나뉘는 인도 디지털금융 발전기

모디 총리가 집권한 2014년 이후 인도 디지털금융 시스템의 발전은 3단계로 나눌 수 있습니다. 첫 성장 단계는 인터넷 보급률이 10% 중반에서 20% 초반 수준에 머물렀던 2014년부터 2016년 상반기였습니다. 당시 시중 은행들이 출시한 인터넷뱅킹을 통한 거래 건수는 매월 약 2% 증가하는 수준에 불과했는데, 인터넷을 사용하고 있는 동시에 은행 거래도 가능한 상위 1억 명 미만의 인도 중산층이 주요 이용층이었습니다.

2차 성장은 릴라이언스지오의 등장으로 인터넷 보급률이 30% 중반까지 빠르게 상승했던 2016년 하반기부터 2017년 중반입니다. 이 기간 동

출처: USAID

안 페이티엠과 같은 PPI^{Prepaid Payment Instruments} 플랫폼(전자 결제 사업자)의 성장이 두드러졌습니다. PPI는 크게 세미클로즈드^{Semi-closed}와 오픈^{Open} 시스템 두 가지로 나눌 수 있는데, 세미클로즈드형은 페이티엠, 모빅윅^{MobiKwik}과 같은 디지털 지갑에 현금을 예치한 후 각 플랫폼 사용자 간 송금 또는 플랫폼 가맹점에서 물건/서비스 등을 구매하는 것이며, 오픈형은 은행이 발행하는 직불/신용카드입니다.

가파른 인터넷 보급률 상승과 2016년 11월 모디 정부가 발표한 화폐개혁(500루피, 1,000루피 고액지폐 사용을 중단하고 새 지폐로 교체 진행)을 계기로 세미클로즈드 PPI, 즉 페이티엠과 모빅윅 같은 플랫폼들을 통한 디지털금융 거래가 빠르게 증가하기 시작했습니다.

특히 2016년 9월부터 2017년 1월까지 PPI를 통한 디지털 결제 건수가 약 3배 증가했는데, 폭발적인 디지털 결제시장 성장으로 인도 최대 핀테크 앱인 페이티엠의 사용자수도 2016년 1월 1억 2,200만 명에서 같은 해 12월에는 1억 7,700만 명으로 약 45% 증가했습니다.

3차 성장은 현재에도 가장 많이 쓰이고 있는 디지털금융 거래 방식인 UPI가 폭발적인 성장을 시작한 2017년 중반 이후입니다. 인도결제공사 NPCL가 개발한 모바일금융 거래 인터페이스인 UPI는 2016년 8월 론칭 당시 인도 대부분의 은행들이 동참했으며 중앙은행인 RBI의 규제 하에 서비스되었습니다.

UPI의 성장 배경에는 간편한 결제 절차가 있습니다. 수취인의 은행 이름, 계좌 번호를 기억할 필요 없이 수취인의 아드하르카드 번호나 은행에 등록된 휴대전화 번호 또는 UPI ID만 알면 쉽게 송금할 수 있습니다. UPI가 출시된 2016년 초기에는 결제 규모가 미미한 수준에 머물렀으나 2017년 중반부터 PPI를 이용한 결제와 직불카드 결제 금액을 추월하기 시작했습니다.

회계연도 기준 2021년 UPI를 이용한 인도 금융 거래 금액은 약 41조 루피(654조 원)를 기록했습니다. 이는 PPI를 이용한 결제액과 신용카드, 직불카드 합산 결제액 대비 각각 약 20배, 약 2.8배를 상회하는 수치입니다. 2015~2021년 인도 소매 결제 금액은 연평균 18% 성장했는데 UPI를 이용한 결제는 2017~2021년 연평균 400% 성장한 것입니다.

이와 같은 빠른 성장으로 2021년 기준 인도 전체 소매 결제액에서 UPI를 이용한 디지털 결제가 차지한 비중은 약 10%까지 높아졌습니다. 참고로 2021년 UPI를 이용한 전체 금융 거래 중 P2M, P2P가 차지한 비중은 45%, 55%을 각각 기록했는데, 금액 기준으로 보면 P2P가 81%로 대부분입니다. UPI를 이용한 상점(P2M)에서의 건당 평균 결제 금액(700루피)이 P2P(2,700루피) 대비 크게 낮기 때문입니다.

2016년 9월에 시작된 릴라이언스지오의 4G 무선 인터넷 서비스와 11월 인도 정부의 화폐개혁 이후 디지털 결제 건수는 2018년(이하 회계연도 기준) 146억 건에서 2021년 437억 건으로 약 3배 증가했습니다. 디지털금융시장이 엄청난 속도로 성장하고 있는 것입니다. 이러한 빠른 성장은 인터넷 보급률 상승(34%→56%)과 스마트폰 사용자수 증가(2.5억 명→5억 명)로 UPI가 디지털 결제시장에서 기대 이상의 역할을 했기 때문입니다.

인도에서 스마트폰 사용자 중 핀테크 이용 비율은 87%로 글로벌 평균 64%와 비교했을 때 크게 높은 편입니다. 앞으로도 스마트폰 사용자수가 빠르게 증가할 것으로 예상됨에 따라 페이티엠과 같은 디지털금융 플랫폼(UPI/PPI)을 이용한 디지털금융 거래의 성장 속도는 더욱 가속화될 전망입니다.

세계에서 가장 빠르게 성장하는 인도 핀테크는
어떤 시장에 집중하고 있을까?

인도는 세계에서 가장 빠르게 성장하는 디지털금융시장입니다. 스마트폰 사용 인구 증가뿐만 아니라 세계에서 가장 높은 핀테크 이용 비율이 이러한 성장의 배경이 되고 있습니다.

인도 핀테크가 영위하고 있는 사업을 보면 크게 결제, 대출, 보험, 자산관리, 이커머스 등 다섯 가지가 있습니다. 결제 서비스에는 공과금(전기/가스/유선방송) 납부, 선불폰Prepaid Phone 충전부터 상점 결제와 송금이 가능한 UPI, PPI 등이 있습니다.

대부분의 핀테크 기업들은 사업을 시작할 때 유저 확보를 위해 결제 서비스를 최우선적으로 론칭합니다. 인도 모바일폰 사용자 중 90% 이상이 선불 요금제를 이용하는데, 이들은 요금 충전을 위해 한 달에 2~3번 거주지 주변 요금충전소에서 직접 결제해야 했습니다. 또한 인도 인구의 65%가 거주하는 시골에서는 공과금 납부를 위해 멀리 떨어진 은행이나 우체국을 직접 방문해야 했습니다.

이러한 불편함은 핀테크 기업들이 앞다퉈 제공한 결제 서비스 덕분에 빠르게 해소되고 있습니다. 무료에 가까운 수수료로 결제 서비스를 제공함으로써 핀테크 기업은 신규 유저를 확보할 수 있었던 것입니다.

이러한 서비스에서는 이익이 크게 발생하지 않지만 신규 유저들을 유입시켜 수익성이 높은 대출, 보험, 자산관리 등의 상품을 이용하게 하는 미끼 서비스가 되어주고 있습니다.

인도 핀테크 기업들은 은행 등 제도권 금융 시스템을 이용하지 못하고 있는 10억 명의 '금융소외층', 즉 '신용등급이 없는 인구New to Credit'를 성장 시장이라고 판단하고 전략적으로 집중하고 있습니다. 전체 인구의 70%에 달하는 금융소외층에는 인도 소비 성장을 주도하게 될 월평균 45만 원을 버는 '중산층'도 포함되어 있으나, 이들은 지금까지 대출 등 제도권 금융 서비스 대상에서 제외되어왔습니다. 핀테크 기업들에게는 주로 현금을 사용해왔던 10억 금융소외층시장이 엄청나게 큰 미개척 시장Untapped Market인 것입니다.

인도에서는 외국계 신용평가기관 4곳(트랜스유니온CIBILTransUnion Credit Information Bureau India Limited, 엑스페리언Experian, 에퀴팩스Equifax, CRIF하이마크 CRIF Highmark)이 신용등급을 부여하는데, 신용등급을 받은 인구수는 2020년 기준 약 2억 6,000만 명(전체 인구수의 18.7%)에 불과합니다. 신용등급을 부여받은 사람들 중에서도 약 1억 4,000만 명만이 금융기관 대출을 받을 수 있으며, 나머지는 대출을 받기 힘들 정도로 신용등급이 낮습니다. 스마트폰 사용자 약 5억 명 중에서도 약 3억 5,000만 명 이상이 은행 등 제도권 금융기관에서 대출을 받지 못하고 있습니다. 따라서 많은 인도인들이 불법 대부업체를 통해 하루 1% 수준(또는 그 이상)의 고금리로 대출을 받을 수밖에 없었습니다.

하지만 핀테크의 등장으로 그동안 금융기관으로부터 소외되어 있었던 이들이 대출 및 기타 금융 서비스를 받을 수 있게 되었습니다. 대출 신청자가 신용등급이 없더라도 핀테크들은 대안 신용평가 모델을 통해 자체적으로 대출 신청자의 신용등급을 결정하고 대출 서비스를 진행하는 것입니다.

다만 인도 핀테크 대출 이자율은 시중 은행 대비 높은 편입니다. 2021년 인도 최대 은행인 HDFC뱅크와 ICICI뱅크의 개인 신용대출^{Personal loan} 금리는 신용등급에 따라 연 10~19% 수준인데, 핀테크에서 제공하는 평균 대출 금리는 이보다 50% 이상 높은 월 2.5% 수준입니다.

금리는 높은 편이지만 핀테크 자체 신용등급을 기반으로 그동안 제도권 금융기관에서 대출을 받지 못했던 인도인들에게도 대출을 실행하고 있으며, AI 등 고유 기술을 바탕으로 서비스를 제공하기 때문에 일반 은행 대비 이용이 훨씬 간편하고 진행 속도도 빠릅니다.

이러한 장점은 기존 은행 거래가 가능했던 인도인들에게도 어필이 되고 있습니다. 신용대출 사용처 중 28%를 차지하는 응급의료비와 같이 보통 급하게 돈이 필요한 경우가 많은데, 핀테크가 제공하는 빠르고 간편한 서비스가 일반 은행에서 대출이 가능한 사람들에게도 도움이 되는 것입니다.

대출 이외에 핀테크가 제공하고 있는 금융 서비스에는 보험, 자산관리 등이 있습니다. 이러한 금융 서비스들은 결제와 같은 미끼 상품들보다 수익성이 크게 높은 편입니다. 보험, 펀드 중개판매에 대한 수수료가 높은 편이기 때문입니다.

대안 신용평가 모델-인도 핀테크들의 가장 큰 자산

대다수의 핀테크 대출 상품 이용자는 신용등급이 낮거나 없는 금융소외 층들입니다. 따라서 핀테크들이 대출 상품의 수익성을 확보하기 위해 가장 중요하게 관리하고 있는 것이 바로 '부도율'입니다. 핀테크 자체 대안 신용평가 모델Alternative Credit Score Model을 통해 대출 신청자에 대한 신용등급을 직접 정해서 대출을 실행하고 있는데, 더 많은 유저를 확보한 핀테크일수록 부도율 관리에서도 유리합니다. 이는 활성 사용자가 많을수록 자체 대안 신용평가 모델도 고도화될 수 있기 때문입니다.

인도 전체를 보면 14억 인구 중 제도권 금융기관에서 대출을 받기 어려운 인구수가 2020년 기준 12억 명 이상에 달합니다. 앞서 언급했던 것처럼 4개의 신용평가기관이 부여하는 신용등급을 보유한 인구수는 약 2억 6,000만 명입니다. 하지만 이들 대부분이 대출을 받지 못하는 저신용자들로, 실제 대출 가능 인구는 약 1억 4,000만 명에 불과합니다.

인도 시골 지역 상황은 더 심각합니다. 2021년 기준 18~33세 사이의 시골 또는 준도시Semi-Urban에 거주하는 4억 명의 인구들 중 신용등급을 가지고 있는 비율은 8%에 불과합니다. 대부분이 제도권 금융 거래를 못 하고 있는 것입니다.

따라서 핀테크들은 이들의 금융 데이터를 수집해 대안 신용평가 모델을 개발하는 데 힘을 쏟고 있습니다. 세계에서 가장 주목받고 있는 시장이지만 대부분의 인구가 신용등급이 없기 때문에 글로벌 신용평가기관도 확보하지 못한 10억 금융소외층에 대한 신용 모델을 완성하는 것은 핀테크의 기업가치에 큰 영향을 미치게 됩니다.

실제 글로벌 기관 투자자들은 미팅에서 "핀테크 기업들이 얼마나 많은 유저 데이터를 확보하고 있는지" 또 "이를 잘 분석해 고도화된 신용 모델을 완성했는지"가 기업가치를 평가하는 데 중요한 항목이라 밝혔습니다.

이와 같이 핀테크 기업들이 개발하고 있는 자체 대안 신용평가 모델은 금융 데이터와 비금융 데이터 확보에서 시작됩니다. 금융 데이터에는 '선불 모바일폰 충전', '공과금 납부' 등의 결제 데이터 그리고 '대출 상환 이력'이 사용되며, 비금융 데이터로는 '사용하고 있는 모바일폰 브랜드(모델)'와 '다운로드받은 앱(경제 관련 뉴스 앱을 다운로드받은 유저가 데이트 앱을 다운로드받은 유저보다 더 높은 점수를 받게 되는 형식)' 등이 사용됩니다.

이 중 가장 중요한 유저 데이터는 '대출 상환 이력'입니다. 핀테크들은 대안 신용평가 모델을 기반으로 초소액 대출부터 실행하는데, 이때 대출 신청자의 대출 상환 이력에 문제가 없다면 점차 더 큰 대출액을 신청할 수 있게 되는 형식인 것입니다.

인도 핀테크들이 군침을 흘리는 시장

인도에서 대출 상품을 개발하는 기관은 기존 은행Bank/Small Finance Bank 또는 NBFCNon-Banking Financial Companies(여신 전문 금융 회사)들입니다. 인도 핀테크들은 은행 라이선스가 없지만 기존 은행 파트너와 협업해 은행 대출 상품 등을 온라인으로 중개하는 네오뱅크Neobank 역할을 하고 있습니다.

인도 중앙은행은 은행이 100% 디지털화되는 것을 허용하고 있지 않기 때문에 기존 은행과 동일한 사업을 영위할 수 있는 '디지털 은행 라이선스'는 아직 존재하지 않습니다. 인도의 대형 핀테크(페이티엠, 모빅위, 폰페 등)들은 세미클로즈드 라이선스를 중앙은행으로부터 허가받아 운영하고 있는데, 디지털 지갑에 예치된 자금을 앱 사용자끼리 주고받거나 플랫폼 가맹점 등지에서 물건/서비스 등을 구매하는 데 이용할 수 있는 방식이며 대출기관 기능은 없습니다.

페이티엠의 경우 저소득층, 영세 소상공인 등을 타깃으로 하는 새로운 개념의 은행업인 '페이먼츠뱅크Payments Bank' 라이선스를 받아 2017년부터 운영하고 있습니다. 페이먼츠뱅크는 고객당 월 최대 10만 루피(160만 원)까지 예금을 예치할 수 있고 직불카드 발급도 가능하지만 자체 대출 상품 출시나 신용카드 발급은 불가능합니다.

이에 페이티엠은 시중 은행 또는 NBFC와 협업해 대출 상품(개인 신용 대출 또는 선구매·후불결제Buy Now Pay Later) 중개 서비스를 시작했습니다. 신용등급이 높은 사용자뿐만 아니라 신용등급이 없는 고객, 시골 거주자,

소상공인 등 그동안 은행을 이용하지 못했던 금융소외층들도 자체 대안 신용평가 모델에 기반한 페이티엠의 중개 서비스를 통해 대출을 받을 수 있게 된 것입니다.

종합하면, 인도 핀테크들은 그동안 은행 등 기존 금융기관이 확보하지 못했던 10억 금융소외층들의 금융 데이터를 선제적으로 확보하는 등 인도 10억 미개척 시장을 선점하고 있습니다.

인도는 현재 산업혁명 수준의 속도로 금융 디지털화가 진행되고 있는데, 이는 오랜 기간 해결하지 못했던 인도 10억 미개척 시장이 열리게 되는 중요한 전환점이 되고 있습니다. 이러한 변화가 인도 내 소비 그리고 투자 증가로 이어지는 선순환을 만들어내고 있는 것입니다(15장 HDFC뱅크 기업분석 내용 참고).

대출 총액/GDP

RBI는 인도 총 대출 금액 등을 시장에 공시합니다. 2021년(회계연도 기준) 인도 내 대출 총액Bank Credit은 1조 5,200억 달러(1,808조 원)로 GDP 대비 비율은 과거 5년간 가장 높은 56.1%를 기록했습니다. 하지만 이 비율은 중국(161.8%), 개발도상국(135.5%), 선진국 평균(88.7%) 대비 크게 낮은 편입니다.

일반적으로 은행 대출 증가율은 경제 성장을 전망하는 데 있어 핵심 지표 중 하나이며, 대출 총액/GDP 비율은 100%가 가장 이상적인 것으로 평가됩니다. 국가 경제 성장에는 기여하지만 거품 발생 리스크가 낮은 대출 규모로 판단하기 때문입니다.

인도 핀테크 또는 여신 전문 금융 회사들이 자체 신용평가 모델을 기반으로 금융소외층을 포함한 더 많은 인구들에게 대출을 승인하고 있기 때문에 인도 GDP 대비 대출액 비율도 점차 상승할 것으로 예상됩니다.

10장

금융소외층 문제 해결을 통해
시장을 확대해나가는
페이티엠

인도에서 근무하면서 상점에 방문
할 때마다 페이티엠 로고를 마스터
카드나 비자카드 로고보다 더 많이
볼 수 있었습니다. 이는 수치로도
확인할 수 있습니다. 인도 상점에
서 직불/신용카드를 결제할 수 있
는 PoS 터미널기 숫자는 약 500만

페이티엠

출처: 페이티엠

개(2020년 기준) 수준인데, 이는 페이티엠 앱을 사용할 수 있는 상점 2,500
만 곳에 비해 크게 적습니다. 신용카드 사용 인구수가 6,000만 명(2020년
기준)에 미치지 못하고 페이티엠의 월간 활성 사용자Monthly Active User수는
이보다 2.5배 많은 1억 5,000만 명인 점을 감안하면 당연한 결과입니다.

페이티엠은 스마트폰 사용자 65% 이상이 사용하는 인도 내 최대 핀테크 앱입니다. 2021년 말 기준 3억 5,000만 명이 넘는 사용자를 보유하고 있습니다. 또한 2022년 2분기(회계연도 기준) 1억 5,000만 명의 월간 활성 사용자가 인도 전역 2,100만 개가 넘는 상점(UPI 포함)에서 일으킨 결제 또는 개인 간 이체 건수는 월평균 11억 건에 달합니다.

2021년 11월 18일에는 인도 증권거래소(BSE, NSE)에 상장되었는데 인도 IPO 역사상 최대 공모 규모인 1,830억 루피(2조 9,000억 원)를 기록했습니다(IPO 공모 시가총액 1.39조 루피, 약 22조 원). 주요 주주로는 창업자이자 CEO인 비자이 세카르 샤르마^{Vijay Shekhar Sharma}, 마윈의 앤트^{Ant} 그룹, 손정의 회장의 소프트뱅크 등이 있습니다.

인도인의 금융 습관을 송두리째 바꾼 페이티엠의 성장 과정

페이티엠의 창업자인 비자이 세카르 샤르마는 2000년 80만 루피(1,280만 원)를 자본금으로 페이티엠의 모회사인 원97커뮤니케이션을 설립했습니다. 2010년에는 선불 모바일폰 요금 충전(인도 모바일폰 사용자의 90% 이상이 선불폰) 및 DTH(유선방송)를 결제할 수 있는 플랫폼을 완성했습니다. 2014년에는 디지털 지갑을 출시했는데, 인도 철도공사와 우버^{Uber}가 결제 수단으로 채택하면서 성장이 더 빨라졌습니다.

2015년에는 인도 일반 상점에서 페이티엠 앱을 다운받은 소비자가 간

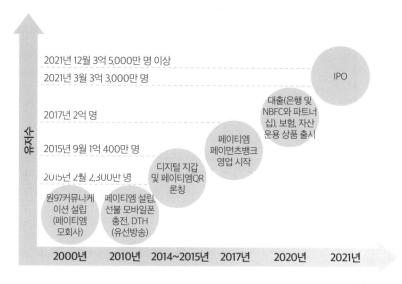

출처: Paytm IR

편하게 결제할 수 있는 페이티엠QR도 론칭했습니다. 페이티엠QR은 사업주(상점주)가 신청해서 받을 수 있습니다. 결제 카운터 근처에 QR을 놔두면 고객은 페이티엠 앱을 통해 QR을 스캔하고 결제 금액을 입력합니다. 그러면 고객의 페이티엠 디지털 지갑이나 등록해둔 신용/직불카드 또는 UPI 계좌에서 사업주의 계좌로 즉시 이체되는 것입니다.

2022년 초 기준 2,500만 개에 달하는 인도 상점에서 페이티엠QR을 통해 결제할 수 있으며 페이티엠 이외에 다른 UPI QR을 사용하고 있는 상점에서도 결제가 가능합니다.

● 그림7 페이티엠QR을 이용한 상점 결제 프로세스

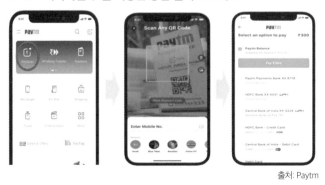

출처: Paytm

페이티엠은 은행업에도 진출합니다. 2015년 7월 페이티엠은 RBI로부터 라이선스를 받고 페이티엠페이먼츠뱅크를 설립, 2017년부터 공식적으로 영업을 시작하게 됩니다. 저소득층, 소상공인 등을 대상으로 하는 차별화된 페이먼츠뱅크는 고객당 월 최대 10만 루피(160만 원)까지 예금을 예치할 수 있고 직불카드 발급도 가능합니다.

자체 대출 상품 출시나 신용카드 발급은 불가능하며, 페이먼츠뱅크 라이선스를 보유하고 있기 때문에 페이티엠이나 자회사는 RBI에 NBFC 라이선스 역시 신청할 수 없습니다.

2021년 기준 페이티엠페이먼츠뱅크 외부 지점은 3개에 불과하며 고객들은 주로 인터넷뱅킹을 통해 이용하고 있습니다.

이로써 페이티엠은 2014년 디지털 지갑 서비스를 시작한 이후 2017년에는 페이먼츠뱅크까지 출범하면서 은행 거래를 하지 못했던 10억 명의 금융소외층들에게 계좌도 직접 만들어줄 수 있게 되었습니다.

페이먼츠뱅크 라이선스로는 대출기관 기능을 할 수 없음에도 페이티엠페이먼츠뱅크는 신용등급이 없는 인구로 대출 서비스를 확대하고 있습니다. 대출 상품을 직접 개발하지 않고 시중 은행 또는 NBFC와의 협업을 통해 신용등급이 있는 페이티엠 앱 사용자뿐만 아니라 신용등급이 없는 페이티엠 앱 사용자에게도 개인 대출 및 선구매·후불결제 상품(포스트페이드Postpaid)을 중개해주는 서비스를 제공하기 시작한 것입니다.

신용등급이 높은 사용자에게는 1만~20만 루피(16만~320만 원)에 달하는 개인 대출이 제공되며, 6만 루피(95만 원)까지의 포스트페이드가 제공됩니다. 또한 시중 은행 대출을 받을 수 없는 신용등급이 없는 사용자에게도 250~1,000루피(4,000원~1만 6,000원) 규모의 포스트페이드를 제공하고 있습니다. 페이티엠의 포스트페이드는 인도 550여 개 지역의 주유소, 동네 상점 등 페이티엠 오프라인 가맹점에서 모두 사용이 가능합니다.

신용등급이 없는 사용자를 대상으로 하는 대출 중개 상품으로 휴대폰 선불 요금 충전, 공과금 납부에 대한 후불결제 등의 서비스를 제공하고, 대출 가능 여부와 규모는 페이티엠의 자체 대안 신용평가 모델(페이티엠 스코어Paytm Score)을 통해 이용자별로 결정됩니다. 이후 이들의 대출 상환 기록 등이 쌓이게 되면 더 큰 금액의 대출을 신청할 수 있는 자격이 주어지는 것입니다.

페이티엠은 외부 대출 상품(은행 또는 NBFC)을 중개하고 있지만 대출 심사부터 연체율 관리까지 직접 책임지고 있습니다. 1억 5,000만 명에 달하는 월 활성 사용자수와 월평균 11억 건 이상의 디지털 결제/이체 규모를 감안하면 신용등급이 없는 사용자들에 대한 자체 신용평가 모델도 상당히 고도화되어 있을 것으로 예상됩니다. 즉, 신용등급이 없는 사용자를 대상으로 대출 서비스를 하더라도 부도율Default Rate은 경쟁사 대비 크게 낮을 수 있음을 의미합니다.

2021년 11월 IPO를 무사히 마친 페이티엠은 대출 등 금융 서비스 포트폴리오를 확장하기 위해 페이티엠페이먼츠뱅크에서 스몰파이낸스뱅크Small Finance Bank로 전환을 준비 중입니다. 스몰파이낸스뱅크가 되면 대출 중개가 아니라 자체 대출(소액), 예금 등 시중 은행들이 하고 있는 서비스를 대부분 제공할 수 있게 되는데, 시중 은행과의 차이점은 대상 고객입니다. 기존 금융기관과 거래하지 못했던 영세 소상공인, 농어민 등을 대상으로 금융 서비스를 제공할 수 있게 되는 것입니다.

스몰파이낸스뱅크 전환에 대한 RBI의 가이드라인에 따르면 페이먼츠뱅크 설립 후 5년간 문제없이Clean Track Record 은행 운영이 지속되었다면 스몰파이낸스뱅크 전환 신청 자격이 주어집니다. 따라서 2017년부터 페이먼츠뱅크 운영을 시작한 페이티엠은 2022년에 스몰파이낸스뱅크로의 전환을 기대하고 있습니다.

인도 10억 금융소외층시장을 미개척 시장이라고 합니다. 인도 중산층 대부분을 포함하는 시장이지만 이들 대다수가 신용등급이 없습니다. 페이티엠이 인도 경제 성장의 주역이 될 10억 금융소외층, 즉 신용등급이 없는 인구에 대한 자체 신용등급을 완성한다는 것은 기존 인도 금융기관과 글로벌 4대 신용평가기관도 가지지 못한 가치^{Value} 있는 자산을 확보하게 되는 것이며, 인도 전체로 보면 지금까지 인도 경제 성장의 발목을 붙잡고 있던 금융소외층 문제를 해결하는 것입니다. 이는 2015년 모디 총리가 발표한 '디지털 인디아' 정책 목표인 '금융 포용'이 페이티엠을 비롯한 인도 핀테크 기업들을 통해 마침내 완성될 수 있음을 의미합니다.

알리바바 벤치마킹을 통해 성공 스토리를 써내려가고 있는 페이티엠

페이티엠은 2021년 11월 18일 IPO를 통해 시가총액 약 200억 달러로 BSE와 NSE에 각각 상장되었습니다. 2019년 하반기 중국 앤트그룹과 미국 티로우프라이스^{T Rowe Price}, 일본 소프트뱅크(비전펀드)로부터 10억 달러를 투자받았을 당시 평가된 기업가치 160억 달러에서 약 25% 상승한 것입니다.

공모 규모도 인도 IPO 역사상 최대 규모인 1,830억 루피(2조 9,000억 원)를 기록했는데, 이는 인도 정부 소유 세계 최대 석탄 광산인 콜인디아^{Coal India}가 2010년 IPO 상장 당시 기록한 공모액 1,520억 루피(2조 4,000억 원)를 뛰어넘는 규모였습니다.

페이티엠 IPO 공모에는 블랙록^{Blackrock}, 싱가포르투자청^{GIC}, 캐나다연금투자위원회^{Canada Pension Plan Investment Board, CPPIB} 등 이름만 들어도 알 만한 글로벌 기관 투자자들이 앵커 투자자(핵심 투자자)로 참여했습니다. 투자기관 중 블랙록, CPPIB가 약 1억 4,000만 달러, 1억 2,600만 달러를 각각 투자하며 인도 IPO 역사상 단일 기관이 참여한 공모 투자액 중 최대 치를 기록했습니다.

IPO 이전에도 글로벌 투자자들이 여러 차례 펀딩 시리즈에 참여했는데, 페이티엠이 현재와 같은 모습으로 성장하는 데 가장 큰 영향을 미친 전략적 투자자는 바로 중국의 최대 이커머스 알리바바 그리고 알리바바의 자회사이자 중국 내 최대 핀테크(디지털금융) 앤트그룹입니다. 2015년 앤트그룹(2월)과 알리바바(9월)가 페이티엠의 모회사 원97커뮤니케이션에 2억 2,000만 달러(회사가치 8억 달러로 평가), 6억 8,000만 달러(회사가치 34억 달러로 평가)를 각각 투자해 지분율 20%씩을 확보(2015년 9월 기준)하고 최대 주주가 되었습니다. 알리바바그룹(알리바바와 앤트그룹)은 이후에도 진행된 펀딩 시리즈에 참여했으며, IPO 직전 알리바바그룹이 확보한 페이티엠 지분율은 약 37%였습니다.

알리바바그룹이 처음으로 투자한 2015년 2월 이후 페이티엠 사용자수는 2,300만 명에서 1년도 지나지 않아 1억 명을 돌파하는 등 성장이 더욱 빨라졌는데, 이 시기 전략적 투자자인 알리바바의 사업 모델을 벤치마크한 것이 큰 도움이 된 것으로 보입니다.

페이티엠은 우선 온라인 결제 앱으로서 위치를 견고히 하기 위해 페이티엠QR 코드 발급 및 가맹점 확대를 통해 사용자 편의를 향상시켰으며, 온라인 쇼핑몰(페이티엠몰)과 보험 및 자산운용시장으로 비즈니스를 확장했습니다.

　페이티엠 성장 비전도 알리바바그룹이 추구하는 방향과 비슷하다고 볼 수 있습니다. 우선 페이티엠의 비즈니스 부문을 살펴보면 크게 세 부문으로 나눌 수 있습니다.

　첫 번째는 온라인 결제 Digital Payment와 전자상거래(페이티엠몰)입니다. 페이티엠은 인도 모바일 결제시장 점유율 40%(디지털 지갑시장은 70%)를 확보하고 있는데, 특히 P2M시장에서의 성장이 두드러집니다. 2021년 상반기 기준 인도 P2M 결제시장에서 페이티엠이 차지하는 비중은 약 50%

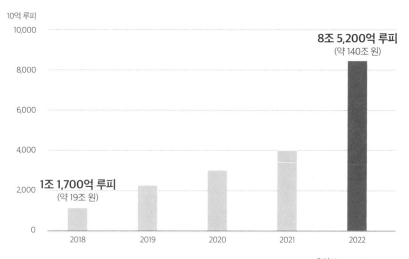

● **차트31 페이티엠 결제 사업 부문 연간 총거래금액**(회계연도 기준)

입니다. P2M 사업 부문에서의 매출은 앱을 사용하는 소비자가 지불하는 '온라인 결제 수수료'와 판매자가 부담하는 '플랫폼 수수료'(총거래금액 Gross Merchadise Volume, GMV 중 일부) 등으로 구성됩니다.

두 번째는 클라우드 서비스(페이티엠클라우드Paytm Cloud)입니다. 페이티엠은 2018년 8월 클라우드 인프라 건설과 관련해 알리바바와 파트너십을 맺고 페이티엠 AI클라우드인디아AI Cloud for India라는 플랫폼을 만들어 기업과 스타트업 그리고 개발자들을 대상으로 한 클라우드 서비스를 론칭했습니다. 회계연도 기준 2022년 3분기(2021년 10~12월) 페이티엠클라우드 매출은 전년 동기 대비 69% 증가한 20억 루피(330억 원)를 기록했으며 전체 매출 비중은 약 14%입니다.

페이티엠의 세 번째 전략 사업은 금융 서비스입니다. 2017년부터 페이먼츠뱅크 운영을 시작한 페이티엠은 금융소외층을 대상으로 예금 및 직불카드 발급 서비스와 대출, 보험, 펀드 중개 서비스도 함께 제공하고 있습니다. 이 사업 부문의 매출은 고객 예금을 다른 금융기관에 예치할 때 발생하는 이자 차익과 금융 상품 중개 수수료 등입니다.

같은 기간 페이티엠 금융 서비스의 매출은 전년 동기 약 200% 성장한 12억 5,200만 루피(207억 원)를 기록하여 전체 매출 비중이 9%까지 높아졌습니다. 사업 부문 중 가장 빠르게 성장하고 있는 것입니다.

페이티엠 실적 및 주요 경영 지표 점검

페이티엠의 전체 실적과 주요 경영 지표는 상장 이후에도 지속적인 성장

매출비중

금융 서비스 9%
이커머스 9%
클라우드 14%

결제 서비스 **68%**

출처: Paytm IR

●**차트33** **페이티엠 사업 부문별 매출 성장률**(2022년 3분기 vs 2021년 3분기, 회계연도 기준)

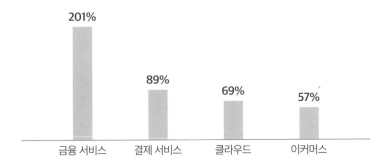

출처: Paytm IR

세를 나타내고 있습니다. 회계연도 기준 2022년 3분기 매출은 전년 동기 대비 89% 성장한 146억 루피(2,412억 원)를 기록했으며, EBITDA도 -39.3억 루피(634억 원)로 적자 폭(2021년 3분기 -48.8억 루피)이 줄어들었습니다.

주요 경영 지표에서 긍정적인 점은 전체 매출에서 비중이 가장 높은 결제 사업부(68%)의 성장이 견조하다는 점입니다. 결제 부문의 성장은 수익성이 높은 대출 등 금융 서비스 사업 부문의 매출 증대로 자연스럽게 이어질 수 있습니다.

2022년 3분기(회계연도 기준) GMV(P2M)는 전년 동기 대비 123% 성장한 2.5조 루피(41조 4,000억 원)를 기록했으며, 인도 전체 디지털 결제(금액 기준)에서 차지한 비중도 동기간 16.4%에서 24.6%까지 높아졌습니다. 월간

● 차트34 **분기별 페이티엠 매출액 추이**(회계연도 기준)

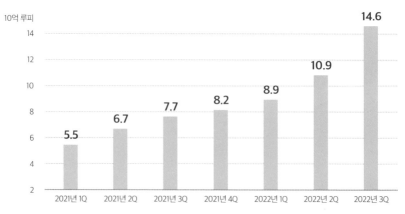

출처: Paytm IR

결제 사용자수도 같은 기간 약 6,400만 명으로 분기 평균 700만 명씩 증가했습니다(페이티엠 디지털 지갑 사용자수는 3억 5,000만 명 이상).

결제 사업 부문의 견조한 성장은 대출 사업 부문의 가파른 성장으로 나타나고 있습니다. 2022년 3분기 대출 건수와 대출 금액은 440만 건, 218억 루피(3,600억 원)로 2021년 1분기 대비 192배, 55배 각각 성장한 것입니다.

페이티엠은 2022년 5월 현재 시중 은행과 NBFC의 대출 상품을 개인 및 상점주들에게 중개하고 상환까지 책임지고 있습니다. 페이티엠의 신용대출 상품에 대한 부도율[NPA ratio](전체 고객 평균)도 일반 시중 은행과 큰

● **차트35** **분기별 페이티엠 결제 부문 GMV와 월간 결제 사용자수**(회계연도 기준)

결제 사업부 GMV   ─── 월 결제 사용자수(MTU)

출처: Paytm IR

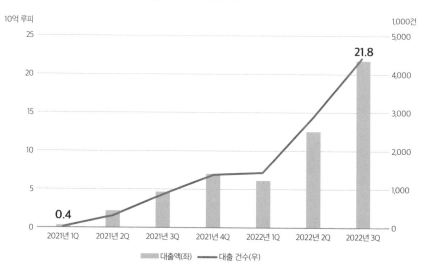

• **차트36 분기별 페이티엠 대출 건수 vs 대출액**(회계연도 기준)

10억 루피 · 1,000건

21.8

0.4

2021년 1Q 2021년 2Q 2021년 3Q 2021년 4Q 2022년 1Q 2022년 2Q 2022년 3Q

▬ 대출액(좌) ━ 대출 건수(우)

출처: Paytm IR

차이가 없는 수준으로 안정되었습니다. ICICI뱅크, 인디아스테이트은행 State Bank of India 등 인도 대형 은행의 부도율은 약 5~6%대인데, 페이티엠 의 개인 신용대출 부도율은 이보다 크게 높지 않은 6~8% 수준입니다.

2022년부터는 페이먼츠뱅크에서 스몰파이낸스뱅크로 전환이 가능해 질 전망인데, 계획대로 진행된다면 단순 대출 중개가 아니라 자체 대출 상품(소액) 판매도 가능해지는 것입니다. 시중 은행과의 차이점이라고 하면 영세 소상공인, 농어민 등 금융소외층을 대상하는 특수 Specialty 은행 이라는 점입니다. 페이티엠은 이미 3억 5,000만 명 이상의 유저 데이터를 기반으로 고도화된 대안 신용평가 모델을 확보하고 있어 스몰파이낸스뱅크로 전환되어 금융소외층 대상 자체 대출 상품 판매가 증가하더라도 부도율은 경쟁력 있는 수준으로 관리가 가능할 전망입니다.

경영 지표에서 발견되는 우려스러운 점은 대출 사업과 함께 페이티엠의 성장을 이끌 것이라고 기대했던 이커머스와 클라우드 사업부의 성장이 예상보다 부진하다는 점입니다. 이커머스 사업부는 영화, 스포츠, 공연 티켓 발매와 같은 엔터테인먼트 부문에 집중하고 있는데, 이 분야에서의 온라인 판매 비중이 아직 10% 수준에 불과(영화 티켓 기준)하고 코로나 팬데믹의 영향도 컸던 것으로 판단됩니다. 인도 전체 이커머스 GMV에서 페이티엠이 차지하는 비중도 점차 낮아져 2021년 말에는 약 3% 초반 수준을 기록했습니다.

또한 페이티엠 가맹 사업장 2,500만 곳(2022년 초 기준) 중 페이티엠클라우드 서비스를 이용하는 비중이 지난 몇 년간 여전히 2% 미만을 기록하는 등 아직까지는 기대 이하의 수준에 머물러 있습니다.

다만 페이티엠이 미개척 시장인 10억 금융소외층시장에서의 점유율을 지속적으로 넓혀간다면 결제 사업 부문의 견조한 성장이 유지될 것이고, 이는 금융 서비스를 포함한 기타 사업 부문의 매출 증대로 이어질 것입니다. 또한 인도 은행 및 글로벌 신용평가기관도 이루지 못한 10억 금융소외층에 대한 고도화된 신용평가 모델 완성으로 기업가치는 더 높아질 수 있을 것으로 기대됩니다.

11장

세계에서 가장 빠르게 성장하는
인도 전자상거래시장

인도 이커머스시장은 세계에서 가장 빠른 속도로 성장하고 있습니다. 인도투자진흥원에 따르면 인도 이커머스의 GMV는 연평균 23% 성장해 2030년에는 2020년의 약 10배인 3,500억 달러에 달할 것이며, 인도 온라인 쇼핑객수도 세계에서 두 번째로 많은 5~6억 명까지 성장할 것이라 전망했습니다. 또한 인도 이커머스가 백화점, 쇼핑몰 등의 현대식 소매시장Organized Retail에서 차지하는 비중도 2021년 25%에서 2030년에는 37%까지 높아질 것이라 예상했습니다.

인도 이커머스시장의 가파른 성장이 기대되는 첫 번째 이유는 빠르게 성장하고 있는 인터넷 보급률과 스마트폰 사용 인구입니다. 인도의 인터넷 보급률은 2017년 약 35%에서 2021년에는 60% 수준까지 높아졌으며, 매월 일일 활성 인터넷 사용자수가 1,000만 명씩 증가하고 있습니다. 또

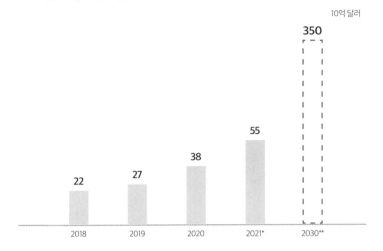

10억 달러

350

55

38

27

22

2018   2019   2020   2021*   2030**

*, **2021년, 2030년 인도 GMV는 인도투자진흥원 추정치

출처: Invest India, BusinessLine

한 스마트폰 사용자수도 같은 기간 약 2억 명이 증가한 약 5억 3,000만 명을 기록했습니다.

흥미로운 점은 인도 온라인 쇼핑의 50% 이상이 스마트폰을 통해 진행되는데, 이는 글로벌 평균 39%(2020년 기준) 대비 높은 편입니다. 따라서 스마트폰 사용 인구가 증가할수록 인도의 이커머스시장은 다른 국가 대비 더욱 빠르게 성장할 수 있는 것입니다.

인도 이커머스시장의 가파른 성장이 기대되는 두 번째 이유는 매력적인 인구 구성비입니다. 인도의 인구 구성비는 피라미드형으로 시간이 갈수록 노동 가능 인구와 소비 가능 인구의 증가를 기대할 수 있습니다. 또한 인구의 평균 연령이 28세로 젊기 때문에 비교적 온라인 쇼핑을 더 쉽게 받아들이는 것입니다.

세 번째는 가구수 증가입니다. 인도 인구 증가와 함께 가구 구성원수가 줄어들면서 확인되는 현상입니다. 2021년 기준 인도 가구수는 약 3억 3,000만인데 이는 2016년 2억 4,000만 대비 무려 38%나 증가한 것입니다. 인도 평균 가구 구성원수는 2009년 5.5명, 2015년 4.5명, 2021년에는 약 4.2명까지 줄어들었습니다.

인도 이커머스시장의 압도적인 성장세

인도 이커머스시장에서 GMV 기준 가장 큰 비중을 차지하는 품목은 '모바일폰', '전기전자', '의류'이며, 이들이 GMV에서 차지하는 비중은 약 70%입니다. 2021년 상반기(회계연도 기준) 전체 스마트폰 그리고 의류 판매량의 50%, 20%가 이커머스를 통해 구매되었습니다.

인도 온라인 쇼핑객 중 인도 2~3성급 도시(주요 도시가 아닌) 거주자 비중은 50%에 달하며, 이들이 전체 주문량에서 차지하는 비중은 약 60% 입니다. 이들의 평균 구매 가격도 인도 주요 대도시 지역과 비교했을 때 크게 차이가 나지 않습니다. 인도투자진흥원에 따르면 2030년까지 인도 총 온라인 쇼핑객 중 2~3성급 도시 거주자가 차지하는 비중은 88%까지 높아질 것이라 전망하고 있습니다.

●**차트38** 인도 현대식 소매시장에서에서 이커머스가 차지하는 비중(회계연도 기준)

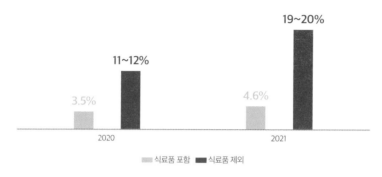

출처: The Economic Times, Bernstein, Bain & Co

●**차트39** 제품 카테고리별 이커머스 판매 비중(2021년, 회계연도 기준)

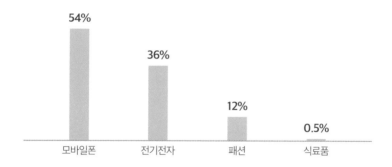

출처: The Economic Times, Bernstein, Bain & Co

특히 시골 지역에서의 이커머스시장 성장이 두드러질 것으로 예상됩니다. 이는 시골 지역 인터넷 보급률이 회계연도 기준 2016년 9%에서 2021년 31%까지 빠르게 상승하는 등 견고한 성장세가 유지되고 있으며,

시골 지역의 소비 증가 속도가 도시 지역 대비 높기 때문입니다. 인도투자진흥원에 따르면 2030년 시골 거주자의 인당 소비는 2021년 대비 4.3배 증가할 것으로 예상되는데, 이는 도시 지역에서의 인당 소비 증가율(3.5배)보다 높습니다.

12장

인도 이커머스시장의 지배자들

아마존인디아와 플립카트

아마존인디아와 플립카트^{Flipkart}는 빠르게 성장하고 있는 인도 이커머스 시장에서 각각 30%가 넘는 시장점유율을 확보하고 있는 이커머스 플랫폼입니다.

아마존의 인도 진출 전략

2013년 6월, 아마존은 인도의 인터넷 보급률이 10% 초중반에 머물던 시기 인도에 진출했습니다. 가장 먼저 취했던 전략은 인도 소규모 상점 등 여러 공급업체^{Seller}들을 모집하기 위해 '아마존 차이카트^{Amazon Chai Cart}'라는 프로그램을 출시한 것입니다. 인도 도시를 돌아다니며 전자상거래의

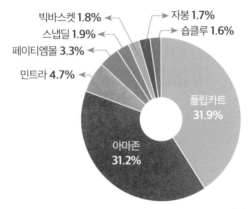

빅바스켓 1.8%
자봉 1.7%
스냅딜 1.9%
숍클루 1.6%
페이티엠몰 3.3%
민트라 4.7%
플립카트 31.9%
아마존 31.2%

출처: S&P Global, Forrester Analytics

장점을 소상공인들에게 알리고 차와 다과도 제공하는 이동식 카트를 거리마다 운영하는 차이카트 프로그램을 통해 31개의 도시에서 1만 명 이상의 셀러들을 직접 만나서 이커머스의 장점과 온라인 웹사이트를 이용하는 방법 등을 설명했습니다. 이후에는 승합차를 튜닝한 스튜디오 '아마존 따갈Amazon Tatkal'을 운영하면서 온라인을 통한 판매에 익숙하지 않은 셀러들을 직접 찾아가 웹사이트 등록과 이미징, 카탈로그 작성 및 판매 과정을 교육하고 실제 도움을 주는 방식으로 아마존 셀러를 모집했습니다.

동시에 미국과 동일한 FBAFulfillment by Amazon(주문, 배송, 반품 등의 과정을 셀러 대신 처리) 서비스 제공을 위해 인도 물류 시스템도 빠르게 구축하고 배송 능력을 확대했습니다. 2021년 기준 아마존은 인도 전역에 총 60곳이 넘는 FBA 물류 센터와 25개가 넘는 아마존 신선식품 배송 센터를 운영하고 있습니다.

인도 사업 초창기 온라인 셀러 모집을 위해 운영한 아마존 차이카트

출처: Cyfuture.com

셀러뿐만 아니라 인도 온라인 쇼핑객을 위한 맞춤 전략도 실행했습니다. 약 6억 명에 달하는 피처폰 사용자들을 위해 속도가 느린 네트워크에서도 사용이 가능한 버전으로 앱을 설계했으며, 인도에서는 배송 위치가 정확하지 않다는 점을 극복하기 위해 머신러닝과 인공지능을 이용(주소 정보 정확도 점수(0~100점)를 고객별로 부여)해 배송 성공률을 높였습니다. 또한 시골 지역으로 원활한 배송을 위해 자전거와 오토바이를 이용하는 등 인도 지역별 특성에 맞는 적절한 배송 방법도 채택했습니다.

아마존의 인도 진출 초기에는 인도 전역의 1,400만 개 이상의 소규모 상점이 폐업할 수 있다는 우려가 많았습니다. 시골 지역에서 이러한 상점들이 폐업하게 되면 지역 주민들의 생활환경이 더욱 나빠질 수 있다는 지적도 있었으나, 이는 기우에 불과했습니다.

아마존은 시골 지역 주민들이 가까운 상점을 방문해 상점 인터넷을 통

해 아마존 제품을 선택할 수 있게 했습니다. 시골 지역 상점주들이 리셀러 역할을 한 것입니다. 상점주가 대신 주문을 하고 제품이 매장으로 배송되면 고객에게 제품을 전달한 후 고객에게 받은 현금 중 일부 수수료만 아마존에 지불하는 방식입니다. 이러한 리셀러 전략이 시골 매장들의 재고관리를 손쉽게 했을 뿐만 아니라 매출 증가 효과도 있었다고 보고되고 있습니다.

이와 같이 아마존은 인도 시장의 특징인 '현금 결제'와 '낮은 인터넷 보급률'에 성공적으로 대응했습니다. 이와 같은 노력으로 아마존인디아의 GMV는 2015년(2015년 4월~2016년 3월) 24억 달러에서 2017년(2017년 4월

●**차트41 아마존인디아와 플립카트 GMV 비교**

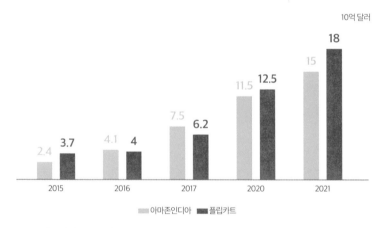

10억 달러

*2015~2017년은 당해년 4월부터 다음해 3월까지 수치, 2020~2021년은 KrAsia Report 추정치
*플립카트의 GMV는 자회사 민트라 제외

출처: The Economic Times, Cyfuture, KrAsia, Bernstein

~2018년 3월)에는 75억 달러를 기록하는 등 빠르게 시장에 안착하여 플립카트와의 인도 이커머스시장 선두 경쟁을 이어가고 있습니다. 2020년 아마존 GMV는 115억 달러를 기록하며 시장점유율 30%를 확보했는데, 이는 시장점유율 34%를 차지하고 있는 플립카트가 같은 기간 기록한 GMV 약 125억 달러(자회사 민트라^{Myntra} GMV 약 20억 달러 제외)에 소폭 뒤지는 수치입니다.

대형 M&A을 통해 놀라운 성장을 지속한 플립카트

플립카트는 2007년 10월 사친 반살^{Sachin Bansal}과 비니 반살^{Binny Bansal}이 뱅갈루^{Bengaluru}에서 창업한 인도 최대 이커머스입니다. 첫 시작은 아마존과 마찬가지로 온라인 서적 판매로 출발했으며, 이후 가전제품, 의류, 식재료, 라이프스타일 등 80여 개의 카테고리에서 1억 5,000만 개의 제품이 판매되는 마켓플레이스로 성장했습니다.

플립카트는 패션·의류 부문에서는 압도적인 시장 지배를 확보하고 있는데, 이는 온라인 패션에서 1위를 차지하던 민트라를 인수했기 때문입니다. 2014년 5월 플립카트는 민트라의 지분

플립카트

출처: reuters.com

100%를 현금과 주식 보상을 포함해 200억 루피(3,146억 원)에 인수했습니다. 다만 패션·의류를 제외한 이커머스에서 가장 인기 있는 전기전자, 모바일폰 등의 제품군에서는 아마존과 치열한 경쟁이 지속되고 있습니다.

아마존인디아와의 경쟁이 본격화되기 시작한 2015년(2015년 4월~2016년 3월) 플립카트의 GMV는 37억 달러를 기록했으며 미국 월마트에 인수되기 1년 전인 2017년(2017년 4월~2018년 3월)에는 62억 달러를 기록하며 시장점유율 31.9%를 확보했습니다.

월마트는 2018년 8월 플립카트의 지분 77%를 160억 달러(18조 9,000억 원)에 인수했습니다. 기업가치를 약 200억 달러(23조 6,000억 원)로 산정한 것입니다. 월마트가 인수한 그해에 두 창업자는 모두 회사를 떠났으며, 비니 반살만이 일부 지분을 여전히 보유하고 있습니다.

지난 몇 년간 플립카트의 놀라운 성장은 여러 차례 진행된 M&A로 가능했다고 봐도 과언이 아닙니다. 플립카트의 대표적인 이커머스 기업 M&A 성공 사례에는 2014년 인수한 민트라와 2017년에 인수한 '이베이인eBay.in'이 있습니다.

플립카트는 2017년 이베이의 인도 웹사이트 이베이인을 인수했습니다. 이베이인 인수로 플립카트 고객의 해외 셀러 제품 구입이 가능해졌으며 동시에 플립카트 셀러도 전 세계 이베이 고객을 대상으로 판매가 가능해졌던 것입니다. 인도 이커머스시장에서 선두를 다투고 있던 아마존과의 경쟁에서 경쟁력을 갖기 위한 결정이었다고 판단됩니다. (2017년 이베이인 매각으로 플립카트의 소액지분을 확보한 이베이는 월마트가 플립카트를 인수했던 2018년 당시 월마트에게 전체 지분을 매각하고 떠났으나 이후 인도 시장에 재진출했습니다.)

2020~2021년 코로나 팬데믹의 영향으로 인도 이커머스시장은 더 빠른 속도로 성장했는데, 플립카트도 마친가지입니다. 2021년 민트라를 포함한 플립카트의 GMV는 230억 달러로 예상되는데, 이는 2020년 기록한 150억 달러에서 50% 이상 성장한 수치입니다.

플립카트는 이커머스를 키우기 위해 온라인 결제 서비스업체도 인수했습니다. 2016년 4월 당시 온라인 결제 서비스업체였으며 현재는 인도 최대 UPI 플랫폼으로 성장한 폰페를 인수한 것입니다.

폰페의 지분 100%를 약 2,000만 달러(236억 원)에 인수할 당시는 디지털 금융사회 전환의 촉진제가 되었던 인도 화폐개혁이 시행되기 직전으로, 이후 온라인 결제가 폭발했다는 점을 감안하면 가장 적절한 시기에 인수를 한 케이스라고 판단됩니다.

플립카트의 인수 이후 폰페는 월 20억 건을 상회하는 UPI 결제 플랫폼으로 성장했는데, 결제 데이터 분석을 통해 플립카트 이커머스 고객들에게 맞춤 제품 추천 등 더 효과적인 서비스 제공이 가능했을 것이라 생각됩니다.

2020~2021년에는 본격적으로 성장하는 인도 디지털금융시장에 대응

하기 위해 폰페 사업 부문을 기업분할^{Spinoff}해 자회사로 만들고, 월마트, 텐센트^{Tencent}, 타이거글로벌^{Tiger Global}로부터 7억 달러의 신규 자금을 유치했습니다. 폰페의 자금 유치 후 기업가치^{Post-Money Valuation}는 55억 달러 (6조 5,000억 원)를 기록하며 15년 만에 275배 성장했는데, 이는 인도 핀테크산업에서 페이티엠(200억 달러) 다음으로 큰 규모입니다. 기업분할과 투자 유치로 폰페에 대한 플립카트의 지분율은 100%에서 87.3%로 변동되었습니다.

2021년 폰페는 인도 UPI 결제시장에서 선두를 달리고 있으며 펀드, 보험 중개도 하고 있지만 적자에서 벗어나지는 못했습니다. 폰페는 수익성 개선을 위해 뮤추얼펀드(패시브^{Passive}펀드)를 운용하는 자산운용^{Asset}

● 차트42 인도 최대 UPI 결제 플랫폼 폰페의 주주 구성(2020년 12월 기준)

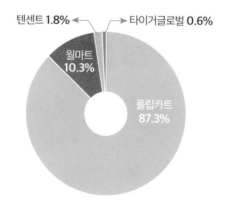

출처: entrackr.com

Management Company, AMC 라이선스를 인도 증권거래위원회SEBI에 신청하는 등 사업을 확장하고 있습니다.

2021년 7월 플립카트는 IPO를 앞두고 36억 달러(4조 3,000억 원) 규모의 펀딩을 진행했습니다. 2018년 월마트에 플립카트 지분 약 20%를 매각했던 소프트뱅크가 다시 투자자로 참여했는데, 플립카트의 장기 성장성과 2023년으로 예상되는 IPO를 긍정적으로 평가한 것입니다. 펀딩 후 기업가치는 376억 달러(자금 유치 후 기업가치 44조 4,000억 원)를 기록했습니다.

플립카트는 미국 주식시장에 600~700억 달러(74~87조 원) 가치로 상장을 준비하고 있으며 시기는 2023년 상반기가 될 것으로 시장은 전망하고 있습니다.

4부

국내 투자자들은
어떻게 인도에
투자할 수 있을까?

13장

인도 주식시장
이해하기

인도에는 BSE와 NSE 두 개의 증권거래소가 있습니다. 투자자 입장에서 BSE와 NSE의 차이는 크게 없습니다. 인도에서 규모가 있는 기업이 상장될 때 일반적으로 BSE와 NSE에 동시 상장되며(NSE 상장 요건이 더 까다로움) BSE를 통해 매수한 주식을 NSE에서 매도할 수 있습니다.

BSE는 1875년에 설립된 아시아에서 가장 오래된 증권거래소이며 더 많은 기업이 상장되어 있지만 1992년 설립된 NSE 대비 거래량이 많지 않습니다. 또한 BSE와 NSE에는 'SENSEX', 'NIFTY' 벤치마크 지수가 있는데, 시가총액 기준 크고 거래량이 많은 각각 30개, 50개 기업의 가중평균값Weighted Average입니다.

인도는 1990년대에 들어서야 외국인 투자를 허용하기 시작했습니다. 외국인 투자에는 두 가지 방식이 있는데 하나는 외국인 투자자가 인도

인도 증권거래소 BSE, NSE 비교(2021년 5월 기준)

BSE	NSE
❶ 설립연도: 1875년(아시아 지역에서 역사가 가장 긴 증권거래소)	❶ 설립연도: 1992년(BSE보다 전자 거래 시스템을 먼저 도입)
❷ 벤치마크 지수: SENSEX30	❷ 벤치마크 지수: NIFTY50
❸ 상장 종목수: 5,400여 개	❸ 상장 종목수: 2,000여 개
❹ 글로벌 순위(시가총액 기준): 9위	❹ 글로벌 순위(시가총액 기준): 10위
	❺ BSE 대비 거래량 많음

출처: Diffen

기업의 경영에 참여하는 FDI이고 다른 하나는 경영 참여 없는 단순 주식 투자 목적의 FPI Foreign Portfolio Investment입니다.

FPI, 즉 외국인이 인도 주식을 직접 매수하기 위해서는 먼저 취득해야 할 자격이 있습니다. 바로 FII Foreign Institutional Investor(기관 투자자) 또는 FII 하위 계정(해외 국적의 개인 투자자)으로 등록되어야 하는 것입니다. 이러한 자격 등록과 관련한 규정들은 인도 증권거래위원회인 SEBI Securities and Exchange Board of India가 관장하고 결정합니다.

외국 국적의 개인 투자자가 BSE와 NSE에서 직접 주식을 매매할 수 있는 방법은 2021년 말 기준 한 가지 방법밖에 없습니다. 순자산 5,000만 달러(590억 원) 이상을 증명하는 계좌 등을 가지고 SEBI에 FII 하위 계정으로 등록 신청하는 것입니다. 하지만 이러한 자산가들이 많지 않기 때문에 일반적으로 대한민국 개인 투자자가 인도에 투자하는 방식은 국내 상장 ETF 및 해외 상장 ETF 투자 그리고 해외 상장 기업 DR(주식예탁증서)

투자로 나눠집니다.

2022년 하반기부터는 국내 개인 투자자들에게도 인도 상장 주식 직접 투자 기회가 열릴 것으로 보입니다. 미래에셋증권은 언론을 통해 전화 주문, 모바일 트레이딩 등 인도 주식 매매 서비스 도입을 검토 중이라고 밝혔습니다.

ETF를 통한 인도 투자

① 국내 상장 인도 ETF

인도에 가장 손쉽게 투자할 수 있는 방법은 ETF를 통한 투자입니다. 인도 NIFTY50이나 SENSEX30 지수 움직임에 따라 수익률이 연동되도록 설계한 벤치마크 지수 ETF부터 대형주$^{Large\ Cap}$, 소형주$^{Small\ Cap}$ 그리고 특정 산업에 집중 투자하는 각기 다른 스타일의 인도 ETF가 한국과 미국에 상장되어 국내 개인 투자자들이 주식처럼 매매할 수 있습니다.

국내(코스피)에 상장되어 있으며 투자할 수 있는 인도 ETF는 두 가지가 있습니다. NIFTY50 지수를 추종하는 키움자산운용의 KOSEF 인도 NIFTY50 ETF(합성)와 미래자산운용의 TIGER 인도 NIFTY50 레버리지(합성)입니다. 합성 ETF는 자산운용사가 직접 운용하는 일반 ETF와 달리 거래 상대방인 증권사와의 스와프 계약을 통해 목표 지수의 수익률을 제공받고 이에 상응하는 비용을 지불하는 방식입니다.

한국 상장 인도 ETF	티커	AUM (운용자산)	수수료 (연보수)	운용 기관	투자 스타일	설정일	기초 지수
KOSEF 인도 NIFTY50	200250 KS	580억 원	0.49%	키움투자 자산운용	대형주	2014년 6월 25일	NIFTY50
TIGER 인도 NIFTY50 레버리지	236350 KS	260억 원	0.58%	미래에셋 자산운용	대형주	2016년 5월 13일	NIFTY50

출처: KOSEF, 네이버(2021년 12월 7일 기준)

2021년 12월 7일 기준 KOSEF 인도 NIFTY50의 총 운용 규모는 580억 원이며, 일 거래량은 2만 주(3.7억 원)입니다. 이 ETF의 일간 가격 변동은 인도 NSE의 지수 움직임과 크게 다르지 않으며 지난 1년 수익률은 35%를 기록했습니다.

TIGER 인도 NIFTY50 레버리지는 NIFTY50을 기초 지수로 한다는 점에서 KOSEF 인도 NIFTY50과 동일하지만 ETF 순자산가치의 일간 변동률을 기초 지수인 NIFTY50 일간 변동률 양의 2배수로 연동해 운용하는 것이 큰 차이점입니다. 쉽게 이야기해서 이 ETF 가격은 NIFTY50 지수 변동 크기의 약 2배 수준으로 움직이게 되는 것입니다.

② 미국 상장 인도 ETF

미국에 상장되어 있으며 인도에만 투자하는 ETF는 2022년 4월 말 기준 13개가 있습니다. 이 ETF들은 2008~2022년에 걸쳐 상장되었으며, 블랙록, 프랭클린템플턴Franklin Templeton 등 글로벌 펀드들이 운용하고 있습니다.

미국 상장 인도 투자 ETF 13선(운용자산 기준)

Symbol	티커	운용자산*	YTD/3년/5년 수익률	수수료(연보수)	운용기관	투자스타일
iShares MSCI India ETF	INDA US Equity	6,266	18.8%/46.4%/86.8%	0.65%	Blackrock	대형주
WisdomTree India Earnings Fund	EPI US Equity	980	25.1%/53.1%/91.8%	0.84%	WisdonTree	대형주/실적주
iShares India 50 ETF	INDY US Equity	714	17.3%/42.2%/86.1%	0.90%	Blackrock	대형50주
iShares MSCI India Small-Cap ETF	SMIN US Equity	400	40.3%/60.8%/91.5%	0.74%	Blackrock	중소형주
Invesco India ETF	PIN US Equity	117	20.6%/50.7%/92.3%	0.78%	Invesco	대형50주
Columbia India Consumer ETF	INCO US Equity	91	16.2%/29.3%/76.0%	0.75%	Columbia	대형주-소비재
Direxion Daily MSCI India Bull 2X Shares	INDL US Equity	86	35.1%/-12.9%/34.4%	1.17%	Rafferty AM	대형주
VanEck India Growth Leaders ETF	GLIN US Equity	73	23.9%/-1.9%/0.2%	0.82%	VanEck	성장주
First Trust India NIFTY 50 Equal Weight ETF	NFTY US Equity	63	23.7%/36.4%/62.1%	0.80%	First Trust	대형50주
Franklin FTSE India ETF	FLIN US Equity	47	22.7%/48.0%/na	0.19%	Franklin Templeton	대형주+중형주
Nifty India Financials ETF	INDF US Equity	9	13.4%/na/na	0.75%	ETC	금융주
WisdomTree India ex-State-Owned Enterprises Fund	IXSE US Equity	7	20.4%/na/na	0.58%	WisdonTree	ESG
India Internet & Ecommerce ETF	INQQ US Equity	0.7	2022년 4월 5일 상장	0.86%	ETC	인터넷&이커머스주

*운용자산: 100만 달러
2021년 12월 6일 기준 (INQQ는 2022년 5월 8일 기준)

출처: ETF Database

미국에 상장된 인도 투자 ETF 중 운용자산과 거래량(20일 평균 일 거래량)이 가장 큰 ETF는 iShares MSCI India ETF(INDA)(52억 1,243만 달러, 478만 주, 2022년 5월 8일 기준)입니다. INDA는 블랙록이 운용하는 ETF이며 약 70개의 인도 대형주에 분산 투자되어 있지만 상위 10개 기업에 운용자산의 약 50%가 집중되어 있습니다. INDA가 시가총액 상위 기업에만 집중 투자하고 있기 때문에 만약 WisdomTree India Earnings Fund(EPI)와 같이 실적이 우수한 기업순으로 포트폴리오를 구성하는 ETF나 성장주(소형주) 위주로 투자하는 iShares MSCI India Small-Cap ETF(SMIN)와 함께 투자 포트폴리오를 구성한다면 성장하는 인도 시장을 더 잘 반영하는 투자 전략이 될 수 있습니다.

INDA의 연 ETF 수수료(운용보수 등)는 0.65%로 인도 투자 관련 ETF 중 낮은 수준이며 2021년 12월 6일 기준 YTD(연초 이후)/3년/5년 수익률도 18.8%/46.4%/86.8%로 우수한 성과를 각각 달성했습니다.

INDA 다음으로 운용자산이 크고 거래량도 많은 인도 ETF는 WisdomTree India Earnings Fund(EPI)입니다. 위즈덤트리WisdomTree가 운용하는 EPI는 인도 상장 기업들 가운데 수익성이 높은 기업들을 선별하고 순이익(기업의 순수익은 지수 측정일 이전 회계연도 기준)을 기준으로 지수에서 가중치를 부여해 포트폴리오를 구성하는 방식입니다.

EPI 포트폴리오 상위 10개 기업(투자자산 기준)이 차지하는 비중은 35.6%이고 투자 비중이 가장 높은 산업은 금융산업으로 운용자산의 24.6%를 차지하며 그다음은 에너지, 소재, IT산업 순(2021년 12월 6일 기준)

입니다. 2021년 12월 6일 기준 EPI의 YTD/3년/5년 수익률은 25.1%/ 53.1%/91.8%을 각각 기록했습니다.

인도 투자 대형 ETF 중 수익률이 좋은 편이지만 연 수수료(운용보수 등) 는 0.84%로 비교적 높은 편입니다.

또 다른 스타일의 인기가 많은 ETF도 있습니다. 인도 소형주/성장주 에 주로 투자하는 iShares MSCI India Small-Cap ETF(SMIN)입니다. 블랙록이 운용하는 SMIN는 261개의 인도 소형주에 투자하고 있으며 지금 과 같이 인도가 인상적인 속도로 성장이 지속될 경우 장기적으로 높은 수익을 기대할 수 있을 것으로 예상됩니다.

투자자산 기준 상위 10개 기업이 전체 포트폴리오에서 차지하는 비중 은 11.9%에 불과하며, 소재, 가전, 금융, 소비재, 헬스케어, IT, 미디어 등 다양한 인도 산업에 투자하고 있습니다. 2021년 12월 6일 기준 YTD/3년 /5년 수익률은 40.3%/60.8%/91.5%로 미국 상장 인도 ETF 중 가장 높은 수준입니다. 연 ETF 수수료(운용보수 등)도 0.74%로 인도 ETF 중 경쟁력 있는 수준입니다.

SMIN 투자 시 중요하게 고려해야 할 부분은 운용자산이 소형주에 집 중되어 있기 때문에 가격 변동성이 다른 인도 ETF 대비 크다는 점입니다.

SMIN과 비슷한 투자 스타일을 가진 ETF로 VanEck India Growth Leaders ETF(GLIN)가 있습니다. ETF 운용사인 반에크 VanEck가 인도 주식 시장에 상장되어 있는 모든 기업들에 대해 성장성, 밸류에이션, 수익성,

현금흐름 등 4가지 항목을 기반으로 점수를 산출하고 상위 80개 기업들에 대해 시가총액별 가중치로 투자하는 것입니다.

다만 반에크의 2021년 12월 6일 기준 YTD/3년/5년 성과는 수익성 및 변동성 대비 수익성(샤프 비율Sharpe Ratio)에서 모두 SMIN 대비 크게 뒤처지는 결과를 기록했습니다. 뿐만 아니라 일 거래량도 크지 않기 때문에 인도 성장주 위주로 투자한다면 SMIN이 더 좋은 선택지가 될 것입니다.

인도 산업별로 선택해 ETF에 투자할 수도 있습니다. 컬럼비아스레드니들Columbia Threadneedle이 운용하는 Columbia India Consumer ETF(INCO)는 인도 자동차, 식음료, 미디어, 가전산업 등 소비 성장에 따른 수혜가 예상되는 섹터에 투자하는 소비재 펀드입니다. 하지만 수익률이나 변동성 대비 수익성, 일 거래량 모두 대표적인 인도 ETF인 INDA 대비(YTD/3년/5년 성과, 2021년 12월 6일 기준) 낮은 수준입니다.

Nifty India Financials ETF(INDF)는 인도 금융산업 포커스 ETF입니다. Nifty Financial Services 인덱스를 추종하는데, 차이점은 INDF는 25/50의 적용을 받는다는 점입니다. 각 개별 주식의 비중 상한이 25%이며 비중 5%을 초과하는 각 주식들의 총합의 상한은 50%입니다.

INDF는 2020년 10월에 첫 상장되어 HDFC뱅크, ICICI뱅크 및 보험 회사 등 인도 대표 20개 금융기관에 투자하고 있는데 2022년 4월 28일 기준 과거 20일 평균 일거래량이 960주에 불과하기 때문에 인도 금융주에 투자하고 싶다면 거래량이 적은 INDF에 투자하기보다는 미국(ADR)에 상장되어 있는 HDFC뱅크나 ICICI뱅크 등 인도 금융주에 직접 투자하는 것이 좋은 선택지가 될 것입니다.

India Internet & Ecommerce ETF(INQQ)는 인도 ETF 중 가장 최근에 신규 상장(2022년 4월)되었으며 릴라이언스인더스트리, 페이티엠(원97커뮤니케이션), 메이크마이트립^{MakeMyTrip}(온라인 여행사) 등 디지털 기업에 선별해 투자하고 있습니다. 다만 아직 운용자산이 약 70만 달러(2022년 5월 8일 기준)에 불과하고 거래량이 많지 않아 현재로서는 좋은 투자 선택지라 판단하기 어렵습니다.

인도 레버리지 ETF도 있습니다. Direxion Daily MSCI India Bull 2X Shares(INDL)는 단기 시장 강세에 베팅하는 위험 선호도가 높은 투자자들에게 적합한 투자 방법이 될 수 있습니다. INDL의 레버리지는 매일 재설정되는 방식이며 일 수익 목표는 MSCI India 인덱스의 2배입니다. 따라서 INDL은 장기간 보유했다고 해서 해당 기간 수익률의 2배가 보장되는 방식이 아닙니다. 연 수수료(운용보수 등)는 1.17%로 미국 상장 인도 ETF 중 가장 높은 수준이고 2022년 4월 28일 기준 과거 50일 평균 일 거래량은 1만 4,946주를 기록했습니다. (참고로 MSCI^{Morgan Stanley Capital International} India 인덱스는 인도 주식시장에 상장되어 있는 대부분(85%)의 기업의 주가 움직임을 측정하는 인덱스이며 투자자가 직접 투자할 수는 없습니다.)

마지막으로 소개해드리는 미국 상장 ETF는 Franklin FTSE India

ETF(FLIN)입니다. FLIN은 가장 대표적인 인도 ETF인 iShares MSCI India ETF(INDA)와 경쟁하는 펀드라고 할 수 있습니다.

프랭클린템플턴이 운용하는 FLIN은 2018년 2월에 첫 상장되었으며 포트폴리오 구성 측면에서 INDA와 유사하나 중형주 비중이 좀 더 높은 편입니다. FLIN에 투자하는 데 있어 가장 큰 장점은 연 ETF 수수료(운용보수 등)가 0.19%로 INDA의 0.65% 대비 크게 낮다는 점입니다.

FLIN의 평균 일 거래량(1만 6,000주)과 운용자산(약 550억 원) 규모가 INDA 대비 크게 떨어진다는 점(2021년 12월 6일 기준)은 단점입니다.

장기 투자자가 주목할 만한 인도 ETF-'FLIN' 그리고 'SMIN'

장기 투자자가 주목할 만한 ETF는 바로 Franklin FTSE India ETF(FLIN)와 iShares MSCI India Small-Cap ETF(SMIN)입니다. FLIN은 인도 대형주 위주로 투자하는 INDA와 유사한 포트폴리오를 보유하고 있지만 연 ETF 수수료가 0.46%p나 낮아 장기 투자에 적합하고 SMIN은 인도 소형주에 투자하는 ETF로 중·대형주에 투자하는 FLIN 포트폴리오를 보완할 수 있는 동시에 인도 경제가 지속적으로 성장한다면 가장 높은 수익률을 기대할 수 있는 인도 ETF라고 예상되기 때문입니다.

FLIN의 운용자산 규모나 일 거래량은 아직 크지 않으나 상장 후 지난 3년간의 수익률이 INDA를 소폭 상회했을 뿐만 아니라 운용 수수료도 낮다는 점을 감안하면 앞으로도 더 많은 투자자들의 관심을 받을 것으로 예상됩니다.

FLIN, SMIN, INDA 수익률 비교*

포트폴리오	최초 투자 금액	최종 금액	연평균 수익률	변동성**	연 최대수익	연 최대손실	MDD(최대 손실낙폭)
Franklin FTSE India ETF(FLIN)	$10,000	$14,422	12.3%	21.8%	24.9%	-3.8%	-32.8%
iShare MSCI India Small-Cap ETF(SMIN)	$10,000	$14,979	13.6%	28.9%	44.5%	-8.5%	-41.9%
iShare MSCI India ETF(INDA)	$10,000	$14,170	11.6%	22.0%	21.4%	-4.6%	-32.3%

*2019년 1월부터 2022년 2월까지의 ETF 수익률(배당 재투자)
**변동성: Standard Deviation

출처: Portfolio Visualizer

● 차트46 **FLIN, SMIN, INDA 포트폴리오**

Franklin FTSE India ETF(FLIN): 구성 종목수 193개(2022년 4월 29일 기준)

종목	산업 분류	비중(%)
릴라이언스인더스트리	에너지/통신/리테일	11.41
인포시스	IT	6.94
HDFC	금융	4.79
타타컨설턴시서비스	IT	4.57
힌두스탄유니레버	필수소비재	2.45
액시스뱅크	금융	2.18
바르티에어텔	통신	2.11
바자즈파이낸스	금융	1.95
아시안페인트	소재	1.81
L&T	건설/엔지니어링	1.46
기타 183개 기업	소재/유틸리티/금융/IT/ 제조 등 중·대형주	60.33

출처: Franklin Templeton

iShares MSCI India Small-Cap ETF(SMIN): 구성 종목수 323개(2022년 4월 29일 기준)

종목	산업 분류	비중(%)
볼타스	제조(에어컨 및 가전)	1.52
타타엘렉시	IT	1.48
JSPL	소재	1.22
지엔터테인먼트	미디어	1.22
아다니파워	유틸리티	1.21
퍼시스턴트시스템즈	IT	1.18
크롬튼	소비재	1.12
튜브인베스트먼트	소비재	1.08
아스트랄	제조	1.08
현금성 자산		2.64
기타 213개 기업	소재/제조업/금융/IT/ 필수소비재/미디어 등 소형주	86.25

출처: iShares.com

iShares MSCI India ETF(INDA): 구성 종목수 106개(2022년 4월 29일 기준)

종목	산업 분류	비중(%)
릴라이언스인더스트리	에너지/통신/리테일	11.04
인포시스	IT	7.30
ICICI뱅크	금융	5.25
HDFC	금융	5.24
타타컨설턴시서비스	IT	4.54
바르티에어텔	통신	2.53
힌두스탄유니레버	필수소비재	2.53
바자즈파이낸스	금융	2.50
액시스뱅크	금융	2.42
현금성 자산		3.49
기타 96개 기업	소재/유틸리티/금융/IT/소비재/ 제조 등 대형주	53.16

출처: iShares.com

세금은 알고 투자하자

2022년 대한민국 금융세법을 기준으로 한국 거래소에 상장된 국내 주식형 ETF에 투자해 수익이 발생했다면 매도 시 부과되는 세금은 없으며, 투자자는 분배금에 과세되는 소득세 15.4%만 부담하면 됩니다. 하지만 국내 상장된 해외 ETF에 투자한다면 다릅니다. 국내 상장 인도 ETF(KOSEF NIFTY50/TIGER NIFTY50 레버리지) 매도 시에는 차익에 대해 배당소득세 과세 대상이 됩니다. ETF 매매 차익과 ETF 보유 기간 중 상승한 과세 표준 기준 가격의 증가분(과표 증분)을 비교해 적은 금액에 대해 세금 15.4%(배당소득세 14%+지방소득세 1.4%)가 부과되는 것입니다.

여기서 문제는 '금융소득 종합과세' 대상이 될 수 있다는 점입니다. 연간 금융소득(이자소득, 배당소득 포함)이 2,000만 원을 넘으면 금융소득 종합과세 대상자가 됩니다. 투자자의 근로소득 등 다른 소득과 합산해 최고 46.2%의 높은 세율로 과세되기 때문에 세금 부담이 커질 수 있습니다.

이와 비교할 때 해외 상장 ETF 투자 시 이점이 몇 가지가 있습니다. 먼저 금융소득 종합과세를 피할 수 있습니다. 투자자가 해외 상장 ETF 매수 후 매도 시 수익이 발생했다면 250만 원 기본 공제를 하고 난 후 차익에 대해 22% 양도소득세가 부과됩니다. 이는 분류과세가 되기 때문에 금융소득 종합과세 대상이 되지 않습니다.

두 번째는 연간 손익 통산도 적용된다는 점입니다. 해외 상장 ETF뿐만 아니라 1년간(1/1~12/31) 실현한 다른 해외 주식의 모든 매매 차익과 차손

구분	국내 상장 ETF		해외 상장 ETF
	국내 주식형 ETF	기타 ETF (해외주식/채권형, 국내채권형, 레버리지인버스 ETF)	
ETF 상품	TIGER 200 ETF, TIGER 코스닥 150 ETF 등	KOSEF 인도 NIFTY50, TIGER 인도 NIFTY50 레버리지 등	iShare MSCI India Small-Cap ETF(SMIN), Franklin FTSE India ETF(FLIN) 등
ETF 매도 시	과세 안 됨	배당소득세 15.4% (원천징수)	양도소득세 22% 250만 원 기본 공제
분배금 수령 시	배당소득세 15.4% (원천징수)	배당소득세 15.4% (원천징수)	배당소득세 15.4% (원천징수)

출처: 미래에셋

을 통산해 양도소득을 계산하기 때문에 국내 상장 해외 ETF보다 절세 효과를 볼 수가 있습니다.

세 번째는 건강보험료 부과 기준 소득에 해외 상장 ETF 매매 차익과 같은 양도소득은 포함되지 않는다는 것입니다. 따라서 해외 상장 ETF 투자에서 많은 수익이 발생하더라도 직장가입자의 피부양자 자격 박탈이나 건강보험료 상승으로 이어지지는 않습니다.

종합하면 2022년 세법 기준 '국내 상장된 해외 ETF' 매매 차익은 금융소득 종합과세 대상이 될 수 있고, 배당소득으로 분류되어 연간 손익 통산이 되지 않으며(다른 주식 매매 시 발생한 차익/차손과 통산 안 됨), 건강보험료 부과 기준에도 영향을 미치기 때문에 투자자의 소득 수준이 높거나 이미 금융소득으로 높은 세율을 적용받고 있다면 해외 상장 ETF에 투자하는 것이 더 좋은 선택이 될 수 있습니다. 만약 국내 상장된 해외 ETF 등에 투자해 배당소득이 2,000만 원 이상 발생했다면 연도를 나눠서 매도하는 것이 금융소득 종합과세 절세 방법이 될 것입니다.

해외 상장 ETF 투자와 관련해 기억할 점은 국내 상장된 해외 ETF와 같이 분배금 수령 시 배당소득세는 동일하게 과세된다는 점입니다.

다만 금융투자소득세를 신설하는 내용의 소득세법 개정안이 2020년 국회를 통과해 2023년부터는 시행을 앞두고 있습니다. 해당 개정안은 국내 주식형 ETF는 5,000만 원 초과 소득에 대해 20% 세율로 과세하고, 국내 상장 기타 ETF도 해외 상장 ETF와 같이 양도소득세 과세 대상으로 바뀌게 되는 내용(250만 원 공제, 20% 세율)입니다. 하지만 새 정권의 주식 양도세 폐지 공약을 감안하면 2023년이 가까워져야 관련 법안의 내용이 실제 개정안대로 시행될지 또는 수정·폐지될지 확정될 것입니다.

—

미국과 유럽에 상장된 인도 주식 직접 투자

국내 투자자가 한국과 미국에 상장되어 있는 인도 ETF를 매매하는 것 이외에 인도 주식을 투자할 수 있는 방법은 인도 기업 DR Depository Receipt(주식예탁증서) 투자가 있습니다. DR은 발행을 원하는 기업들이 신주를 발행한 후 외국의 예탁기관Depositary Bank으로 하여금 해외 현지에서 증권을 발행 및 유통시키는 주식 대체 증서입니다.

인도 상장 기업이 발행한 DR 매수 시 인도 주식을 소유하는 권리를 동일하게 가지게 됩니다. 인도 기업들은 해외에 상장하는 번거로움과 큰 비용을 들일 필요 없이 해외 투자 유치를 할 수 있으며, 투자자 입장에서도 해외 주식 거래하듯이 손쉽게 투자할 수 있는 것이 장점입니다. 국내 투자자들은 삼성증권과 NH투자증권 등을 통해 미국과 유럽에 상장되어 있는 릴라이언스인더스트리 등 인도 기업 DR을 직접 매매할 수 있습니다.

참고로 미국 시장에서 발행하는 것은 ADR, 미국, 유럽 등 복수 시장에서 동시에 발행하는 것은 GDR이라고 합니다. 국내 개인 투자자들은 미국(NYSE, NASDAQ)에 상장되어 있는 인도 기업 ADR 12개(2022년 2월 1일 기준)와 런던, 룩셈부르크 등에 상장되어 있는 인도 기업 GDR에도 투자할 수 있습니다. 인도 최대 시가총액을 보유한 릴라이언스인더스트리의 GDR도 런던 증권거래소(International Order Book)에 상장되어 있어 국내 개인 투자자들이 손쉽게 매매할 수 있습니다.

미국 상장 인도 기업 ADR(2022년 8월 5일 기준)

이름	티커	거래소	산업
애저파워	AZRE	NASDAQ	유틸리티
닥터레디스	RDY	NYSE	제약
에로스미디어월드	EMWP	NYSE	엔터테인먼트
HDFC뱅크	HDB	NYSE	금융
ICICI뱅크	IBN	NYSE	금융
인포시스	INFY	NYSE	소프트웨어 & IT 컨설팅
메이크마이트립	MMYT	NASDAQ	여행 & 레저
사이피테크놀로지	SIFY	NASDAQ	소프트웨어 & IT 컨설팅
타타모터스	TTM	NYSE	자동차
위프로	WIT	NYSE	소프트웨어 & IT 컨설팅
WNS홀딩스	WNS	NYSE	비즈니스 프로세스 관리
야트라온라인	YTRA	NASDAQ	여행 & 레저

출처: topforeignstocks.com

● 차트49 **유럽 상장 인도 기업 GDR**(거래량 감안 선별, 2022년 2월 1일 기준)

이름	티커	거래소	산업
릴라이언스인더스트리	RIGD	런던, 룩셈부르크	정유화학/통신/리테일
L&T	LTOD	런던	건설·엔지니어링
액시스뱅크	AXB	런던	금융
마힌드라앤마힌드라	MHID	런던, 룩셈부르크	자동차
스테이트뱅크	SBID	런던	금융
타타스틸	TTST	런던	철강

출처: topforeignstocks.com

14장

인도 투자 관련
주목해야 할 기업①

릴라이언스인더스트리

인도 최대 기업이자 4차 산업혁명의 선구 기업

1. 기업 소개

릴라이언스인더스트리(런던 증권거래소 티커: RIGD, GDR 상장, 이하 RIL)는 인도 뭄바이에 본사를 두고 있으며 주요 사업 부문은 정유/석유화학, 통신, 리테일로 크게 나눌 수 있습니다.

시가총액(2022년 5월 2일 기준)은 18.8조 루피(311조 5,000억 원)로 인도 증권거래소(BSE, NSE)에 상장되어 있는 기업 중 가장 큰 규모입니다.

RIL은 창업주인 디루바이 암바니가 1960년대에 설립한 섬유 회사 릴라이언스텍스타일엔지니어Reliance Textiles Engineers를 모태로 합니다. 릴라이언스텍스타일엔지니어는 1973년 사명을 릴라이언스인더스트리로 변경했고, 이후 정유/석유화학, 통신, 리테일 부문 등으로 사업을 확장했습니다.

2022년 창업주 사망 후 장남인 무케시 암바니가 RIL을 물려받았으며, 2016년부터는 통신(릴라이언스지오), 리테일(릴라이언스리테일 등) 부문에서 뚜렷한 성과를 내고 있습니다.

2. 상장 정보

RIL은 1975년 BSE 상장 후 룩셈부르크와 런던 증권거래소(International Order Book)에 GDR(1GDR은 RIL 보통주 2주에 해당)을 상장했습니다. 2022년 5월 기준 BSE SENSEX와 NIFTY50 지수 구성 종목 중 하나입니다. 개인 투자자는 국내 증권사(삼성증권, NH투자증권) 등을 통해 런던에 상장되어 있는 RIL GDR을 직접 매매할 수 있습니다.

3. 사업 부문별 소개 및 전망

RIL의 사업은 크게 세 부문으로 나눌 수 있습니다. 정유/석유화학, 통신, 리테일(소매) 사업입니다. 설립 초기부터 시작한 정유/석유화학 사업은 그룹 성장의 토대가 되었으며 2006년과 2016년 리테일과 이동통신 사업 진출을 통해 더 큰 미래의 성장을 그려가고 있습니다.

① 정유/석유화학 사업

RIL은 원유 및 가스 탐사 개발(E&P)부터 석유화학제품 생산까지 하고 있습니다. 셸, ONGC^Oil and Natural Gas Corporation Limited와 함께 E&P 사업에 처음으로 뛰어들었습니다. RIL의 인도 내 원유 및 가스 광구는 총 4군데이고, 인도 구자라트주 잠나가르에 세계 최대 규모의 원유정제 시설도 운영하고 있습니다. 1999년부터 이곳에서 정제제품을 생산하기 시작했고 하루 124만 배럴까지 처리가 가능한 수준으로 증설했습니다.

이러한 세계 최대 규모의 생산 시설은 규모의 경제로 이어져 배럴당 수익성이 더욱 개선될 수 있었습니다. 뿐만 아니라 인도 전체로 보면 디젤, 가솔린 등의 석유제품 순수입국에서 순수출국으로 변모할 수 있는 계기도 되었습니다.

2018년(이하 회계연도 기준) 연결 기준 EBITDA(감가상각전 영업이익)에서 정유/석유화학 사업 부문이 차지한 비중은 약 86%였으나 이후 본격화된 통신·리테일 사업 부문의 성장으로 2022년에는 그 비중이 약 53%까지 낮아졌습니다.

② 통신 사업

릴라이언스지오는 인도가 디지털사회로 전환하는 데 가장 큰 영향을 미친 혁신 기업입니다. 세계에서 가장 짧은 시간에 가장 많은 가입자를 확보한 이동통신망 사업자이며 RIL그룹의 성장을 이끌고 있습니다.

릴라이언스지오는 4G 모바일 브로드밴드 서비스를 2016년 9월에 첫 출시하고 2017년 3월까지 데이터 및 음성 서비스를 무료로 제공했습니다. 이를 통해 출시 1개월 만에 약 1,600만, 6개월 만에 1억 명의 가입자를 모을 수 있었습니다. 2019년에는 광섬유 케이블을 통해 집과 사무실에 고속 인터넷, 유선방송, 전화 등의 서비스를 제공하는 지오화이버도 설립했습니다.

릴라이언스지오의 4G 서비스 출시 후 인도 월간 모바일 데이터 소비량 변화를 살펴보면 흥미롭습니다. 4G 서비스 출시 6개월 만에 인도 월간 모바일 데이터 소비량은 10억 GB까지 증가했는데, 이는 출시 이전 기록된 2억 GB 대비 약 5배 성장한 것입니다. 참고로 2021년 3월 기준 인도 모바일 데이터 소비량은 약 72억 GB로 성장은 지속되고 있습니다.

2021년 8월 말 기준 이동통신시장(전체 가입자수 8억 1,346만 명)은 빅3로 재개편되었는데, 릴라이언스지오가 가입자수 4억 4,386만 명(시장점유율 55%)으로 선두를 차지하고 있고 바르티에어텔이 2억 227만 명(시장점유율 25%)으로 2위, 보다폰아이디어가 1억 2,352만 명(시장점유율 15%)으로 3위, 국영 기업인 BSNL이 1,819만 명으로 그 뒤를 잇고 있습니다.

릴라이언스지오는 2016년 9월 모바일 브로드밴드 서비스를 시작한 이후 1년 3개월, 유료 서비스를 시작한 지 2개 분기 만에 흑자를 달성했습니다. 회계연도를 기준으로 릴라이언스지오의 2019년 EBITDA는 1,510억 루피(2조 4,900억 원)를 기록했는데 2022년에는 3,786억 루피(6조 2,400억 원)로 150% 성장했습니다. 같은 해 기록한 EBITDA 마진율 49%는 SK텔

레콤의 EBITDA 33%(2021년)와 비교해도 크게 높은 수준입니다.

③ 리테일(소매)

2006년 소매 사업에 진출한 릴라이언스리테일은 매출액 기준 인도 최대 리테일 기업입니다. 릴라이언스프레시(신선식품), 릴라이언스스마트(생활용품), 릴라이언스디지털(디지털 기기) 등 상품 카테고리별 리테일 브랜드를 보유하고 있으며, 2022년 2월 기준 인도 전역에 1만 4,412개의 스토어(면적 372만 제곱미터)를 운영하고 있습니다. 오프라인 매장 이외에도 AJIO(패션·의류), 지오마트(신선식품 및 생활용품)와 같은 온라인 플랫폼도 운영하고 있습니다.

회계연도를 기준으로 2022년 RIL의 연결 기준 실적에서 리테일 사업부문의 매출과 EBITDA 비중은 각각 25%, 11%였습니다. 릴라이언스리테일의 매출액은 지난 6년간(2017~2022년) 약 6배 성장했습니다. 특히 식료품, 패션·의류, 전자제품 등 핵심 소매 상품 매출은 2위 업체 대비 약 3배 큰 수준인데 코로나 팬데믹 이후에도 오프라인 매장 면적을 39% 확장하는 등 성장을 위한 투자는 계속되고 있습니다.

릴라이언스리테일의 핵심 소매 상품(식료품, 패션·의류, 전자제품 등) 총매출에서 온라인 판매가 차지하는 비중은 약 20%입니다.

인도 상공부 산하 인도투자진흥원에 따르면 인도의 총 리테일시장 규모는 2020년 기준 세계에서 네 번째로 큰 7,930억 달러를 기록했는데

2030년에는 1조 5,000억 달러 규모로 성장이 가능할 것이라 전망했습니다. 또한 같은 기간 인도 이커머스시장 규모도 연평균 23% 성장해 2030년에는 전 세계에서 세 번째로 큰 시장(3,500억 달러)이 될 것으로 예상했습니다. 이를 감안하면 RIL의 온/오프라인 리테일 사업의 장기 성장 전망도 밝다고 할 수 있습니다.

④ 차세대 성장 사업

RIL은 신재생 에너지^{Renewable Energy}를 차세대 성장 사업으로 선정하고 막대한 규모의 투자를 계획하고 있습니다. 2035년까지 탄소 배출량 제로 달성을 목표로 하고 있는 RIL은 인도 구자라트주 잠나가르에 세계 최대 규모의 신재생 에너지 통합 생산단지 건설을 계획하고 있습니다.

태양광 모듈, 배터리, 수소 연료 전지 관련 생산 설비가 들어설 단지 건설과 주요 공급업체(배터리 제조용 음극분리막 및 전해질 제조업체 등) 지원에 각각 6,000억 루피(9조 3,300억 원), 1,500억 루피(2조 3,300억 원) 투자가 예정되어 있으며, 신재생 에너지 생산단지 완공 후에는 2030년까지 100GW 규모의 전력 생산 능력을 갖추는 것을 목표로 하고 있습니다.

빠르면 2024년부터는 신재생 에너지 사업 부문 이익 달성도 가능할 전망입니다. 신재생 에너지 관련 정부 인센티브로 생산원가의 하락이 예상되는 가운데, 수입 태양광 전지 및 모듈 등에 대한 인도 정부의 고관세 정책으로 인도 내 가격 경쟁력 확보도 기대되기 때문입니다.

4. 투자 포인트

① 통신과 리테일 사업 부문의 여전히 높은 성장 여력

2016년 이후 RIL의 비약적인 성장은 통신과 리테일 사업 부문의 성장에 근거합니다. 통신·디지털과 리테일 사업 부문이 전체 EBITDA에서 차지하는 비중은 회계연도 기준 2018년 14% 수준에서 2022년 약 46%까지 상승했습니다. 인도의 인터넷 보급률이 여전히 60% 수준(2021년 기준)에 불과하고 인도 소비 시장의 성상 잠재력이 크다는 점을 감안하면 RIL의 핵심 자회사인 지오플랫폼과 릴라이언스리테일의 성장 여력은 여전히 높다고 할 수 있습니다.

● **차트50 릴라이언스인더스트리 사업별 EBITDA 비중**(회계연도 기준)

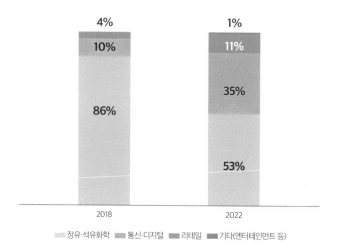

출처: Reliance Industries IR, Annual Report

② 재무 상태 우수, 순차입금 비율 36%에서 4.5%까지 큰 폭 개선

RIL의 재무건전성은 우수하다고 할 수 있습니다. RIL은 2020년 4월 통신 및 디지털 부문 자회사인 지오플랫폼의 지분을 메타와 구글 등 전략적 투자자 및 재무 투자자에 매각했고 이후 유상증자도 진행하여 현금을 마련했습니다. 이와 같은 노력으로 순차입금 비율(자본 대비 순차입금)은 2020년 3월 말 기준 36%에서 2022년 3월 말에는 4.5%까지 크게 낮아질 수 있었습니다(2020년 하반기에는 차입금보다 현금이 많은 순현금 상태로 전환되기도 했습니다). 또한 주주 환원을 위해 매년 배당금도 지급하고 있습니다(회계연도 기준 2018년 이후 주당 배당금을 지속적으로 인상하고 있습니다.)

회계연도 기준

요약 재무제표 (단위: 10억 루피)	2018	2019	2020	2021	2022
매출액	4,307	6,252	6,600	5,392	7,928
EBITDA*	712	927	1,023	976	1,257
순이익	361	398	399	537	678
꾸딩 순이익(EPS, 루피)	61	67	63	76	92
주당 배당금(DPS, 루피)	6.0	6.5	6.5	7.0	8.0
순차입금**	1,407	1,545	1,610	-22	348
성장률 지표	**2018**	**2019**	**2020**	**2021**	**2022**
매출 증가율	30%	45%	6%	-18%	47%
EBITDA 증가율	36%	30%	10%	-5%	29%
순이익 증가율	21%	10.4%	0.1%	35%	26%
주당 배당금(DPS)	-45%	8.3%	0.0%	7.7%	14%
수익률 및 건전성 지표	**2018**	**2019**	**2020**	**2021**	**2022**
EBITDA 마진율	17%	15%	15%	18%	16%
순이익률	8.4%	6.4%	6.0%	10%	9%
순차입금/자본	48%	40%	36%	-0.3%	4.5%

*EBITDA: 감가상각전 영업이익
**순차입금: 총차입금-보유 현금

출처: Reliance Industries IR, Annual Report

15장

인도 투까 관련
꾸목해야 할 기업②

HDFC뱅크

인도 최대 민간 은행, 뛰어난 부도 관리 능력을
바탕으로 10억 금융소외층시장 본격 진출

1. 기업 소개

뛰어난 부도 관리 능력을 바탕으
로 10억 금융소외층시장에 본격 진
출한 HDFC뱅크(NYSE 티커: HDB,

ADR 상장)는 1994년에 설립되어 인도 전역 2,900개가 넘는 도시에 6,300

개 이상의 지점을 보유하고 있는 인도 최대 민간 은행입니다. HDFC뱅크

의 시가총액은 7.79조 루피(129조 원, 2022년 5월 2일 기준)로 인도 상장사 중

세 번째로 큰 규모입니다.

2021년 3월 말 기준 HDFC뱅크의 직불카드 활성 사용자수는 3,700만 명에 달하며 신용카드시장 점유율도 30.9%를 확보하는 등 인도 전역에 약 6,200만 명의 고객을 두고 있습니다. HDFC뱅크의 모회사는 인도 최대 주택대출 금융 회사인 HDFC^{Housing Development Finance Corporation}입니다. HDFC뱅크는 인도 시중 은행 중 온라인 금융 진출을 가장 적극적으로 하고 있습니다.

2. 상장 정보

HDFC뱅크는 1995년 BSE와 NSE에 각각 상장되었습니다. 미국 뉴욕증권거래소^{NYSE}에도 ADR이 상장되어 있는데, ADR 1주는 HDFC뱅크 보통주 3주에 해당합니다. 2022년 5월 기준 인도에서 시가총액이 가장 큰 금융기관이며 BSE SENSEX, NIFTY50 지수 구성 종목 중 하나입니다. 개인 투자자는 국내 증권사를 통해 미국에 상장되어 있는 HDFC뱅크 ADR을 직접 매매할 수 있습니다.

3. 산업 전망

인도 은행업-미개척 시장이 열린다

인도 은행업 성장 전망은 밝다고 할 수 있습니다. 미개척 시장 규모가 크기 때문입니다. 인도에서 은행 계좌를 가지고 있는 비중은 전체 인도 인구의 80% 수준입니다. 하지만 인도의 계좌 중 약 40%가 계좌의 잔고가 '0'이거나 미사용 중인 비활성^{Inactive} 계좌입니다. 대출이 불가능한 인구까지 감안하면 실제 은행 거래를 하고 있지 않거나 못 하고 있는 인구수, 즉 금융소외층은 10억 명에 가깝다고 볼 수 있습니다.

HDFC뱅크는 그동안 소외되어 있었던 이 시장에 핀테크 기업들과 파트너십 등을 통해 본격적으로 진출하고 있습니다. 월평균 45만 원을 버는 '인도의 중산층'이 포함되어 있는 '10억 금융소외층시장'은 인도 은행들에게 엄청난 기회가 될 수 있는 것입니다.

인도의 매력적인 '인구 구조'와 빠르게 진행되는 '도시화Urbanization'도 인도 은행업 성장을 긍정적으로 전망하는 또 다른 이유입니다. 2021년 기준 인도에서 35세 미만의 인구가 전체 인구의 66%에 달하며, 시간이

• **차트52 HDFC뱅크 고객의 은행 거래 방식 변화**(채널별)

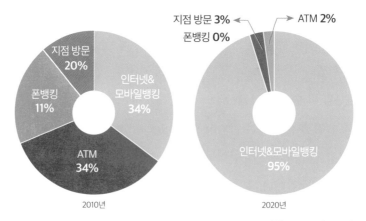

출처: HDFC Bank Annual Report

지날수록 노동 및 소비 가능 인구의 증가가 예상됩니다. 이는 금융업 성장의 밑거름이 될 것으로 기대됩니다. 또한 현재 인도 인구의 약 35%만이 도시에 거주하고 있는데 빠르게 진행되고 있는 도시화 현상을 감안하면 모기지 수요 성장도 기대됩니다.

4. 사업 부문별 소개 및 전망

① 수익성이 가장 높은 인도 신용카드시장 점유율 1위

HDFC뱅크의 사업 중에서 가장 수익성이 높은 것은 신용카드 사업 부문입니다. 신용카드 연이자율은 실제 25% 이상으로 매우 높기 때문에 은행간의 경쟁도 뜨겁습니다. 2021년 6월 말 기준 HDFC뱅크가 고객에게 발급한 신용카드수는 1,476만 장으로 인도 최대 규모입니다.

신용카드 실제 사용 기준 점유율도 30.9%(2021년, 회계연도 기준)로 최대 비중을 차지하고 있으며 2022년 초부터는 매월 50만 장의 신규 발급을 통해 점유율 확대를 목표로 하고 있습니다.

② HDFC뱅크 여·수신 규모 지난 10년간 연평균 20% 성장
총부실자산 비율, 인도 은행 중 최저 기록

HDFC뱅크의 여·수신 규모는 코로나 팬데믹이 발생했던 2020~2021년을 포함해도 지난 10년간 연평균 약 20%씩 성장했으며, 총부실자산 비율 Gross NPA ratio은 인도 은행 중 최저를 기록하고 있습니다.

HDFC뱅크의 여·수신 사업은 소매Retail, 법인Wholesale, 상업&시골

Commercial&Rural 부문으로 나눌 수 있습니다. 2021년 9월 말 기준 총 대출 실행 규모는 11.9조 루피(190조 원)로 이 중 소매와 상업&시골 부문이 차지한 비중은 각각 40%, 35%였습니다.

총 대출 규모가 꾸준히 성장하고 있음에도 불구하고 총부실자산 비율은 2021년 7~9월 기준 인도 은행 평균 6.97%보다 크게 낮은 1.35%을 기록했는데, 이는 인도 대형 은행들 중에서도 가장 낮은 수치입니다. (시가총액 기준 인도 2, 3위 은행인 ICICI뱅크, 인디아스테이트은행의 총부실자산 비율은 각각 5% 상회, 2021년 6월 말 기준)

③ 인도 소매 대출시장 점유율 1위

신용대출, 주택 담보, 자동차 부문에서의 성장 지속

HDFC뱅크 대출 사업에서 가장 큰 비중을 차지하는 부문은 소매 금융 사업부입니다. 인도 소매 대출시장에서 점유율 1위(54~55%)를 유지하고 있으나 2021년 3월 인도 내 시장점유율은 지난 5년간 가장 낮은 수준인 47%까지 하락하기도 했습니다. 이는 코로나 팬데믹에 따른 경기 악화로 소매 대출 실행 규모를 조절했고, 고객이 HDFC뱅크 온라인 앱을 사용하는 도중 자주 중지되는 문제가 발생하자 RBI가 2020년 12월 신규 디지털 상품이나 신용카드 발급을 금지했기 때문입니다. (RBI 제재는 2021년 8월부터 풀리기 시작했습니다.)

HDFC뱅크 경영진은 인도 소매 대출시장 점유율 확대를 위해 자동차, 주택 담보, 신용대출 부문 등을 중심으로 성장시켜나갈 것이라 밝혔습니다. 또한 신규 시장인 중고차시장에도 본격 진출해 2023년까지 소매 대출 규모를 2021년 대비 약 2배 많은 수준인 8조 루피(127조 원)까지 확대하는 것을 목표로 하고 있습니다.

④ 시골 대출 사업부의 성장성이 가장 높아

HDFC뱅크 대출 사업에서 가장 성장 속도가 빠른 부문은 상업&시골 사업부입니다. 소득이 증가하고 핀테크와의 협업이 본격화됨에 따라 인도 시골 지역에서 그동안 은행 거래를 하지 못했던 농부 및 영세 사업자들에게도 대출^{Micro, Small and Medium Enterprise Loans}이 실행되고 있는 것입니다.

법인 대출 사업부는 코로나 팬데믹의 영향을 가장 많이 받았습니다. 이 시기 민간 투자가 크게 감소했기 때문입니다. 하지만 코로나 팬데믹의 영향으로부터 벗어나기 시작한 2022년부터는 민간 투자 회복으로 HDFC뱅크의 법인 대출 규모도 확대될 수 있을 것으로 예상됩니다.

5. 투자 포인트
10억 미개척 시장에 본격 진출

HDFC뱅크는 10억 명이 넘는 신용등급이 없는 인구 시장에 본격 진출하고 있습니다. 핀테크와의 협업을 통해 '선구매·후불결제'와 같은 초소액 대출부터 10만 원 이상의 신용대출까지 판매할 수 있는 온라인 채널을 확보하는 방식입니다. HDFC뱅크 입장에서는 저렴한 신규 고객 유치비용으로 신용등급이 없는 인구 시장에 본격 진출할 수 있으며, 이들을 대상으로 향후 더 많은 금융 상품을 판매할 수 있는 가능성이 열리는 것입니다.

HDFC뱅크의 순이익 규모나 총부실자산 비율을 미국, 한국 등 선진국 대형 은행과 비교해보면 아직 높은 것은 사실입니다. 그럼에도 불구하고 높은 밸류에이션으로 주가가 거래되는 것은 인도 내 미개척 금융시장의 규모가 현재의 시장 규모를 크게 넘어서기 때문입니다(금융 상품 시장별 4~10배 이상). 즉, 성장성에 대한 기대감이 큰 것입니다.

HDFC뱅크는 인도에서 가장 높은 시장점유율을 확보한 동시에 가장 뛰어난 부도율 관리 능력도 보유하고 있는 최대 민간 은행입니다. 이러한 경쟁력을 감안하면 '인도 10억 금융소외층시장' 본격 진출을 통해 견고한 성장을 이어나갈 수 있을 것으로 기대됩니다.

• 차트53 HDFC뱅크(NYSE 티커: HDB) 주요 재무 지표*

회계연도 기준

요약 재무제표 (단위: 10억 루피)	2018	2019	2020	2021	2022
순이자이익	802	990	1,148	1,209	1,278
비이자이익	152	176	233	252	295
총영업이익	955	1,166	1,381	1,461	1,573
충당금 차감전 영업이익	326	397	487	574	641
대손비용	59	76	121	157	151
순이익	175	211	263	311	370
주당 순이익(EPS, 루피)	34	39	48	56	66
주당 순자산가치(BVPS, 루피)	205	274	312	370	433
주당 배당금(DPS, 루피)	6.5	7.5	0.0	6.5	15.5
성장률 지표	2018	2019	2020	2021	2022
여신	19%	25%	21%	14%	21%
수신	23%	17%	24%	16%	17%
충당금 차감전 영업이익	27%	22%	23%	18%	12%
순이익	20%	21%	25%	19%	19%
수익률 지표	2018	2019	2020	2021	2022
순이자마진(NIM)	4.4%	4.4%	4.3%	4.1%	4.0%
총부실자산 비율 (Gross NPA Ratio)	1.3%	1.4%	1.3%	1.3%	1.2%
총자산수익률(ROA)	1.9%	1.9%	2.0%	2.0%	2.0%
자기자본이익률(ROE)	18%	16%	17%	17%	17%

*별도 기준 실적

출처: HDFC Bank IR, Annual Report

16장

인도 투자 관련
주목해야 할 기업③

인포시스

디지털 전환의 수혜주이자 인도 대표 주주 친화 기업

1. 기업 소개

1981년에 설립된 인포시스^{Infosys}(NYSE 티커:
INFY, ADR 상장)는 인도에서 매출액 기준으
로 타타컨설턴시서비스^{Tata Consultancy Services,}

^{TCS}에 이은 두 번째로 큰 인도 IT 서비스 기업이며, 인도 IT 기업 중 가장
적극적으로 해외 시장을 개척해나가고 있습니다. 전체 매출에서 미국,
유럽, 인도가 차지하는 비중은 각각 62%, 25%, 3%(2021년 7~9월 분기 기준)
입니다.

　인포시스는 금융, 제조, 소매산업 등 전 업종에 걸쳐 애플리케이션 등

소프트웨어 개발과 유지 관리 서비스 등을 제공합니다. 즉, 고객들이 사업을 디지털화할 수 있도록 컨설팅하고 솔루션을 제공하는 것입니다. 인포시스의 대표 상품은 인도, 중동, 아프리카, 유럽의 주요 은행이 사용하는 뱅킹 애플리케이션인 'Finacle'입니다.

2. 상장 정보

인포시스는 1993년 6월에 BSE와 NSE에 각각 상장되었으며 인도 상장 기업 중 네 번째로 큰 시가총액(6.46조 루피(106조 원), 2022년 5월 2일 기준)을 기록하고 있습니다.

1999년 3월에는 NYSE에 ADR을 상장했는데, ADR 1주는 인포시스 보통주 1주에 해당합니다. 또한 BSE SENSEX, NIFTY50 지수 구성 종목 중 하나(2022년 5월 기준)입니다. 개인 투자자는 국내 증권사를 통해 미국에 상장되어 있는 ADR을 직접 매매할 수 있습니다.

3. 사업 부문별 소개 및 전망

인포시스는 금융, 소매, 통신, 제조 등 대부분의 산업을 대상으로 서비스를 제공하고 있습니다. 2022년(회계연도 기준) 전체 매출에서 가장 큰 비중을 자치하는 수요 산업은 '금융'(31.3%)입니다. 미국 톱10 은행 중 8개사, 글로벌 톱10 보험사 중 7개사가 인포시스의 고객입니다.

다음으로 매출 비중이 높은 수요 산업은 '소매/유통'(14.3%)입니다. 글로벌 톱10 CPG(소비재) 기업과 글로벌 톱10 자동차 메이커 모두가 인포

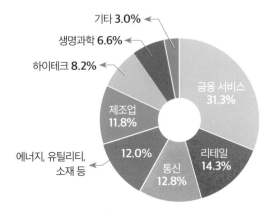

기타 **3.0%**

생명과학 **6.6%**

하이테크 **8.2%**

제조업
11.8%

에너지, 유틸리티,
소재 등

통신
12.8%

12.0%

리테일
14.3%

금융 서비스
31.3%

출처: Infosys IR

시스의 고객입니다. 이와 같이 인포시스의 매출 97.4%(2022년 2분기 기준)
가 해외에서 발생하고 있습니다.

　인포시스의 연간 대형 계약 규모는 회계연도를 기준으로 2018년부터
2021년까지 4년 동안 연평균 67% 성장했습니다. 이는 글로벌 산업의 디
지털화가 빠르게 진행되고 있는 가운데 인포시스가 이 기회를 잘 포착
했기 때문입니다. 전체 매출에서 '디지털화' 관련 사업 부문이 차지하는
비중은 시간이 갈수록 커지고 있는데, 2018년 25.5%에서 2020년 39.2%,
2022년에는 57%까지 상승했습니다.

　고객수는 더 빠른 속도로 증가하고 있습니다. 특히 대형 계약 고객이
증가하고 있는데, 1억 달러 이상 계약을 한 고객사가 2017년 20개에서

2020년 28개, 2022년에는 38개로 늘어났습니다. 2022년 최상위 5개사의 매출액 기여도는 11.8%로 2021년에 이어 큰 변화가 없는데, 대형 계약이 증가했지만 특정 고객 의존도는 높지 않다는 것은 매출 안정성이 크다는 의미입니다.

2022년 연간 실적 발표에서 인포시스 경영진은 모든 산업들의 디지털화 진행이 지속되어 글로벌 및 인도 IT 서비스시장의 성장률이 높은 수준을 유지할 것으로 전망했습니다. 또한 글로벌 및 인도 IT 서비스시장 규모는 2018년부터 매년 6.0%, 10% 성장하여 2025년에는 1조 6,530억 달러, 3,500억 달러 규모까지 각각 커질 것으로 예측했습니다.

● 차트55 **과거 4년간 연평균 67% 성장한 인포시스 대형 계약 규모**(회계연도 기준)

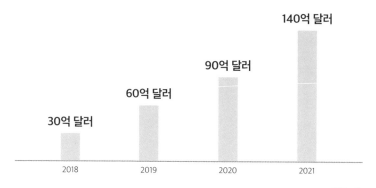

출처: Infosys IR

4. 투자 포인트

인도 대표 주주 친화 기업

인포시스는 배당과 자사주 매입에 적극적인 주주 친화 기업이라고 할 수 있습니다. 매년 배당을 하고 있는데, 회계연도 기준 2022년 배당 금액은 주당 31루피로 2013년 대비 약 6배 증가했습니다. 같은 기간 주주 환원 정책 기준을 순이익의 30%에서 잉여현금흐름Free Cash Flow, FCF(영업현금흐름에서 투자비용을 차감한 순수 현금)의 85%까지로 강화한 것입니다. 인포시스는 2021년 배당금과 자사주 매입으로 2,259억 루피(3조 7,250억 원), 2022년에는 배당금으로 1,304억 루피(2조 1,500억 원)를 각각 주주 환원에 사용했습니다.

인포시스 주식과 NIFTY50의 과거 5년 동안의 수익률(2022년 3월 31일 기준)을 비교해보면 NIFTY50 지수는 103.6% 상승했지만 인포시스는 주가 상승률 273%, 배당 수익률 55.9%로 총 328.9%의 총주주수익률Total Shareholder Return, TSR을 달성했습니다.

전 세계 거의 모든 산업에서 진행되고 있는 '디지털 전환'이 지속됨에 따라 안정적인 신규 수주 증가가 기대되고 주주 친화 기업이기도 한 인포시스는 인도 대표 가치주라고 판단됩니다.

회계연도 기준

요약 재무제표 (단위: 10억 루피)	2018	2019	2020	2021	2022
매출액	705	827	908	1,005	1,216
영업이익	171	189	194	246	280
순이익	160	154	166	194	221
주당 순이익(EPS, 루피)	35.5	35.4	38.9	45.5	52.4
주당 순자산가치(BVPS, 루피)	144	149	153	179	178
주당 배당금(DPS, 루피)	16.8	17.5	17.5	27.0	31.0
성장률 지표	**2018**	**2019**	**2020**	**2021**	**2022**
매출 증가율	3.0%	17%	9.8%	11%	21%
영업이익 증가율	1.5%	10%	2.6%	27%	14%
순이익 증가율	12%	-3.9%	7.7%	17%	14%
주당 배당금 증가율	30%	4.5%	0%	54%	15%
수익률 지표	**2018**	**2019**	**2020**	**2021**	**2022**
영업이익률	24%	23%	21%	25%	23%
순이익률	23%	19%	18%	19%	18%
자기자본이익률(ROE)	24%	23%	26%	27%	29%

출처: Infosys IR, Annual Report

17장

인도 투자 관련
주목해야 할 기업④
위프로

인도 3대 IT 서비스 기업, 주주 환원 의지는
경쟁사 인포시스보다 부족

1. 기업 소개

위프로Wipro(NYSE 티커: WIT, ADR 상장)는 인도에 본사를 둔 다국적 IT 서비스 기업입니다. 위프로의 시가총액은 2.7조 루피(44조 6,000억 원, 2022년 5월 2일 기준)로 인도 상장사 중 17번째로 큰 규모입니다.

1945년 식용유 제조 회사로 첫 시작했으나 창업주의 아들이자 최대 주주인 아짐 프렘지Azim Hashim Premji가 미국 스탠퍼드대학 졸업 후 불과 21세

의 나이에 위프로에 합류해 단순 식품 회사를 세계적인 IT 서비스 기업으로 성장시켰습니다.

위프로는 IT 서비스뿐만 아니라 일용소비재^{FMCG}, 기계, 조명, 의료장비 등 '비 IT 서비스' 부문으로도 사업을 확장했으나 2012년 11월 비 IT 서비스 부문을 분할해 위프로엔터프라이즈^{Wipro Enterprise Limited}라는 별도의 비상장 회사를 설립하게 됩니다. 이렇게 하여 위프로는 IT 서비스에만 집중하는 상장 회사로 남게 되었습니다.

2. 상장 정보

위프로는 1946년 BSE에 첫 상장되었습니다. 2000년 10월에는 NYSE에도 ADR을 상장했는데 ADR 1주는 위프로 보통주 1주에 해당합니다. 또한 BSE SENSEX, NIFTY50 지수 구성 종목 중 하나(2022년 5월 기준)입니다. 개인 투자자는 국내 증권사를 통해 미국에 상장되어 있는 위프로 ADR을 직접 매매할 수 있습니다.

3. 사업 부문별 소개

위프로가 영위하고 있는 사업에는 고객사의 모든 정보를 데이터화하고 이를 소프트웨어 등을 통해 구축 및 관리하는 SI^{System Integration}와 맞춤형 애플리케이션 개발 등의 IT 서비스가 있습니다. 인도의 오프쇼어 IT&BPO 서비스(해외 기업들에게 인도 현지에서 IT 서비스를 제공하는 것)시장은 지난 15년간 연평균 11% 성장을 지속했습니다. 인도의 많은 IT 기

●**차트57 위프로 상위 고객 매출 비중**(2022년, 회계연도 기준)

최상위 고객	3.2%
상위 5개사	12.5%
상위 10개사	20.0%

출처: Wipro IR

술자 풀과 선진국 대비 낮은 인건비가 경쟁력이 되고 있으며, 최근 몇 년 동안 빠르게 진행되고 있는 디지털 전환도 성장의 주요 요인입니다.

2022년(회계연도 기준) 매출액 7,910억 루피(13조 원)를 기록한 위프로는 TCS, 인포시스에 이어 세 번째로 큰 인도의 IT 서비스 기업입니다. 금융과 소비재산업이 전체 매출에서 50% 이상을 차지하며, 에너지, 전자, 헬스케어 등의 비중도 각각 10% 이상입니다. 가장 매출 비중이 높은 국가는 미국이며 전체 매출의 약 60%를 차지합니다. 최상위 5개사의 매출액 비중은 약 12.5%로 특정 고객 의존도가 높지 않는데, 이는 실적 안정성이 높다는 것을 의미합니다.

4. 투자 포인트

자사주 매입 확대를 통해 주주 환원 정책 강화

위프로의 지난 5년간(2018~2022년, 회계연도 기준) 매출액(연평균 10%)과 영업이익(연평균 13.5%)이 꾸준히 성장했는데, 이는 전 세계 산업의 디지털화로 신규 고객과 고액 계약이 각각 증가하고 있기 때문입니다.

최근 들어 위프로는 주주 환원 정책도 강화하는 모습을 보이고 있습니다. 회계연도 기준 2021년 하반기에는 자사주 매입 규모 확대를 통해 주주 환원 정책을 강화했습니다. 2021년의 배당과 자사주 매입 규모는 순이익의 113%였는데, 이는 경쟁사인 인포시스와 비슷한 규모(117%)였습니다.

배당 정책에는 아쉬운 점이 있습니다. 2022년에는 주당 배당금을 6루피로 전년 대비 큰 폭으로 인상했으나 이전까지는 순이익이 두 자릿수 성장률을 기록했던 시기에도 배당금을 주당 1루피로 동결하는 등 주주 환원 의지가 경쟁사(인포시스) 대비 부족한 편이었습니다.

● 차트58 위프로(NYSE 티커: WIT) 주요 재무 지표

요약 재무제표 (단위: 10억 루피)	2018	2019	2020	2021	2022
매출액	546	589	613	619	791
영업이익	84	100	106	123	140
순이익	80	90	97	109	122
주당 순이익(EPS, 루피)	12.6	15.0	16.6	19.1	22.3
주당 순자산가치(BVPS, 루피)	81	94	98	101	120
주당 배당금(DPS, 루피)	1.0	1.0	1.0	1.0	6.0
성장률 지표	**2018**	**2019**	**2020**	**2021**	**2022**
매출 증가율	-1.4%	7.8%	4.1%	1.0%	28%
영업이익 증가율	-10%	19%	5.8%	16%	14%
순이익 증가율	-6.0%	13%	8.4%	11%	13%
주당 배당금 증가율	-50%	0%	0%	0%	500%
수익률 지표	**2018**	**2019**	**2020**	**2021**	**2022**
영업이익률	15%	17%	17%	20%	18%
순이익률	15%	15%	16%	18%	15%
자기자본이익률(ROE)	17%	16%	18%	20%	19%

출처: Wipro IR, Annual Report

18장

인도 투자 관련 주목해야 할 기업⑤

타타모터스

성장성 높은 인도 전기차시장 1위 기업

1. 기업 소개

1945년에 설립된 타타모터스Tata Motors(NYSE

티커: TTM, ADR 상장)는 2022년(회계연도 기

준) 인도 상용차Commercial Vehicle시장과 승용

차Passenger Vehicle시장에서 점유율 1위와 3위에 각각 랭크된 자동차 메이

커입니다. 타타모터스의 시가총액은 1.55조 루피(25조 6,500억 원, 2022년

5월 2일 기준)로 인도 상장사 중 31번째로 큰 규모입니다.

　설립 초기에는 기차를 앞에서 끌며 동력을 제공하는 철도 운송차량 제

조업체로 시작했으나 1954년 상용차, 1988년에는 승용차시장에 각각 진

출했습니다. 해외 브랜드 인수에도 적극적이었는데, 대우상용차(2004년), 재규어랜드로버^{Jaguar Land Rover}(2008년) 등의 인수를 통해 해외 판매 비중을 키우는 동시에 상용차부터 고급 승용차시장까지 진출하게 되었습니다.

2021년 12월에는 전기차 개발, 생산, 디자인 등 모든 관련 서비스를 담당하는 자회사 TPEML^{Tata Passenger Electric Mobility Limited}을 설립했으며 5년간 20억 달러 투자 계획을 발표하는 등 본격적인 전기차시장 진출을 예고했습니다.

타타모터스의 최대주주는 타타그룹의 홀딩 회사인 타타선즈^{Tata Sons Private Limited}이며 39%의 지분(2021년 4월 기준)을 보유하고 있습니다.

2. 상장 정보

타타모터스는 1998년 7월에 BSE와 NSE에 각각 상장되었습니다. 2004년에는 NYSE에도 ADR을 상장했는데 ADR 1주는 타타모터스 보통주 5주에 해당합니다. 2022년 5월 기준 NIFTY50 지수 구성 종목 중 하나이지만 BSE SENSEX 지수에는 포함되어 있지 않습니다.

개인 투자자는 국내 증권사를 통해 미국에 상장되어 있는 타타모터스 ADR을 직접 매매할 수 있습니다.

3. 사업 부문별 실적 및 투자 계획

2021년(회계연도 기준) 타타모터스의 총 판매량(중국 JV 제외)은 83만 7,000

대를 기록했습니다. 이 중 재규어랜드로버(SUV 등), 상용차, 승용차가 차지한 비중은 각각 42%, 31%, 27%였으며, 지역별로 살펴보면 인도, 유럽, 북미가 56%, 19%, 11%를 각각 차지했습니다.

타타모터스는 인도 상용차시장에서 가장 높은 시장점유율을 확보하고 있는데, 2022년(회계연도 기준)에는 44.9%까지 높아졌습니다.

2021년 인도 승용차시장에서도 마루티스즈키, 현대자동차에 이어 세번째로 높은 시장섬유율을 차지했습니다. 2021년 타타모터스의 인도 승용차시장 점유율은 11%(33.1만 대)로 2020년에 기록한 7.2%를 크게 상회했습니다.

인도 전기차시장에서는 2021년 약 80%의 점유율로 독주를 이어가고 있습니다. 타타모터스의 전기차 넥슨EV, 티고르^{Tigor}EV 판매량이 전년

● **차트59** 타타모터스 인도 시장 연간 승용차 판매량

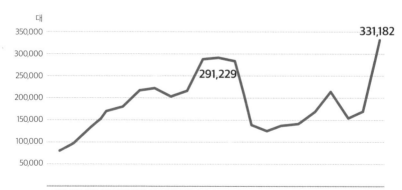

출처: Autopunditz.com

대비 각각 260%, 313% 성장한 9,111대, 2,611대를 기록하는 등 타타모터스의 새로운 성장 동력이 되고 있습니다.

타타모터스는 2021년부터 5년간 전기차 개발 및 생산에 20억 달러 투자 계획을 발표하는 등 전기차시장에 공격적으로 진출했습니다. 현재 인도 전기차시장 규모는 전체 승용차시장의 1% 미만에 불과하지만 인도 정부는 2030년까지 승용차시장의 30%까지 높이는 것을 목표로 하고 있습니다. 따라서 인도 전기차시장 점유율 80%를 확보하고 있으며 전기차 생산 및 개발에 선제적 투자를 시작한 타타모터스의 성장도 기대됩니다.

4. 투자 포인트

① 인도 승용차시장 성장이 기대되는 이유

인도 승용차시장은 지난 몇 년간 정체되어 있습니다. 2021년 인도 승용차 판매량은 308만 대를 기록하며 코로나 팬데믹이 시작되었던 2020년 대비 27% 반등했지만 연간 최대 판매량을 기록한 2018년 대비 8% 낮은 수준에 머물러 있습니다.

인도 승용차 판매량의 현 주소는 인구가 비슷한 중국과 비교해보면 잘 파악할 수 있습니다. 인도의 2021년 1인당 국민소득은 약 2,000달러로 2006년 중국과 유사한 수준입니다. 2006년 중국의 승용차 판매량은 518만 대를 기록했는데, 이는 인도 승용차 판매량(2021년) 대비 무려 210만 대가 많은 수준입니다.

인도 승용차시장 성장이 정체되었던 큰 이유 중 하나는 인도 사회·경제의 고질적인 문제에서 찾을 수 있습니다. 인도에서는 은행 거래를 하지 않으며 신용등급도 없는 인구 비중이 높아 승용차 구매와 같은 규모 있는 소비의 성장이 힘들었기 때문입니다. 인도에서 승용차 구매의 75~80%가 대출 및 할부로 진행되는데, 금융기관 대출이 가능한 인구수가 전체 인도 인구의 약 10%인 1억 4,000만 명(2020년 기준)에 불과해 승용차시장 성장에 한계가 있었던 것입니다. 하지만 현재에는 경제 성장과 힘께 인터넷 보급률 상승, 핀테크 기업들의 등장으로 금융소외층 문제가 빠르게 해소되고 있어 향후 성장성은 높다고 판단됩니다.

인도투자진흥원은 2026년까지 인도가 중국, 미국에 이어 세계에서 세 번째로 큰 자동차시장으로 성장할 것이라 전망했습니다. (2021년 인도 상용차와 승용차 판매량은 375만 대로 세계에서 네 번째로 큰 시장입니다.)

② 높은 레벨의 차입금 비율이 개선되는지 우선적 확인 필요

2022년(회계연도 기준)에도 타타모터스는 기록적인 인도 내 승용차 판매량과 견고한 상용차 실적에도 불구하고 연결 재무제표 기준 순손실을 기록했습니다. 원자재 가격 상승과 전체 연결 매출의 약 77%를 차지하는 영국 자회사 재규어랜드로버의 실적 부진 때문입니다.

영국 자회사 재규어랜드로버의 판매량은 반도체 수급 문제와 레인지로버 풀체인지 모델 출시 예정에 따른 대기 수요 발생의 영향으로 전년대비 약 15% 감소했습니다. 이에 반해 타타모터스의 인도 승용차 사업부문은 사상 최대 판매량을 기록하며 전년 대비 매출액이 약 90% 성장했고, EBITDA 마진율도 2%(2021년)에서 5.3%로 개선되었습니다. 인도 승용차 사업 부문이 타타모터스 연결 매출에서 차지하는 비중도 2021년 6.6%에서 2022년 11.3%까지 높아졌습니다.

2022년(이하 회계연도 기준) 연간 실적 발표에서 경영진은 2023년에는 자회사 재규어랜드로버부터 인도 상용차, 승용차 부문까지 전반적인 실적 개선이 기대되며 2024년까지 '순차입금 제로(차입금과 보유 현금이 동일)' 달성도 가능할 것이라는 가이던스를 발표했습니다.

인도 승용차 및 전기차시장의 미래 성장성과 자회사 재규어랜드로버의 실적 개선 전망은 긍정적으로 평가되지만, 현재 타타모터스의 높은 수준의 차입금 비율(2022년 3.1배, 회계연도 기준)이 향후 해소되는지를 우선적으로 확인할 필요가 있다고 판단됩니다.

회계연도 기준

요약 재무제표 (단위: 10억 루피)	2018	2019	2020	2021	2022
매출액	2,954	3,019	2,611	2,498	2,785
EBITDA*	316	270	219	304	268
순이익	91	-287	-120	-134	-113
주당 순이익(EPS, 루피)	26	-85	-35	-37	-30
성장률 지표	2018	2019	2020	2021	2022
매출 증가율	7.6%	2.2%	-14%	-4.3%	11%
EBITDA 증가율	5%	-14%	-19%	39%	-12%
순이익 증가율	20%	적자 전환	–	–	–
수익률 및 건전성 지표	2018	2019	2020	2021	2022
EBITDA 마진율	11%	8.9%	8.4%	12%	9.6%
순이익률	3.1%	–	–	–	–
총차입금/자본(배)	0.9	1.7	1.9	2.5	3.1

*EBITDA: 감가상각전 영업이익

출처: Tata Motors IR, Annual Report

19장

인도 투자 관련
주목해야 할 기업⑥
L&T

성장성과 안정성을 모두 겸비한 인도 최대 건설·엔지니어링 기업

1. 기업 소개

L&T Larsen&Toubro(런던 증권거래소 티커: LTOD,

GDR 상장)는 1938년에 설립되었으며 2020

년 기준 세계 건설사 도급 순위ENR 27위에

랭크된 인도 최대 건설·엔지니어링 기업입니다. L&T의 시가총액은 2.36

조 루피(39조 원, 2022년 5월 2일 기준)로 인도 상장사 중 21번째로 큰 규모입

니다.

L&T의 주요 사업은 크게 두 부문으로 나눌 수 있습니다. 건설·엔지니

어링과 IT 서비스입니다. 건설·엔지니어링 사업 부문에는 인프라 건설

Infrastructure, 화력발전소 건설Power, 정유·석유화학·원자력발전 설비 건설 Heavy Engineering, 방산Defense, 원유 및 천연가스 채굴 시설 건설Hydrocarbon 등이 있습니다. IT 서비스 사업에는 1996년 IT 서비스 법인인 LTIL&T Infotech 설립을 시작으로 뛰어들었는데, 2019년 6월에는 인도 톱10 IT 서비스 기업인 마인드트리Mindtree까지 인수하며 사업 부문을 확장했습니다. 2022년(회계연도 기준) 연결 기준 L&T 매출액에서 IT 서비스 사업 부문이 차지한 비중은 21%였지만 EBITDA 비중은 이를 크게 상회하는 42%를 기록했습니다.

2. 상장 정보

L&T는 1950년에 BSE에 상장했습니다. 룩셈부르크와 런던 증권거래소(International Order Book)에도 GDR이 상장되어 있는데, GDR 1주는 보통주 1주에 해당합니다. L&T는 2022년 5월 기준 시가총액이 가장 큰 인도 건설·엔지니어링 회사이며 BSE SENSEX와 NIFTY50 지수 구성 종목 중 하나입니다.

개인 투자자는 국내 증권사(삼성증권, NH투자증권)를 통해 런던에 상장되어 있는 L&T GDR을 직접 매매할 수 있습니다.

3. 사업 부문별 실적 및 전망

L&T의 매출과 영업이익은 2000년 초반부터 꾸준히 성장해왔으며 같은 기간 영업마진율도 5% 초반에서 약 10% 수준까지 높아졌습니다. 신규

수주와 수주 잔량도 꾸준히 증가하고 있는데, 2022년 3월 말 기준 수주 잔량은 3.6조 루피(59조 원)로 2017년 대비 약 37% 증가했습니다.

L&T의 2022년(회계연도 기준) 연결 매출액과 EBITDA는 전년 대비 15%, 17% 성장한 1조 5,650억 루피(25조 9,000억 원), 1,820억 루피(3조 원)를 각각 기록했습니다. 전체 매출에서 건설·엔지니어링과 IT·금융(대출) 서비스 사업부가 차지한 비중은 각각 69%, 31%이며 세부 사업 부문별로 살펴보면 인프라 건설과 IT 서비스 부문의 매출 비중이 49%, 21%로 가장 높았습니다.

EBITDA 마진은 11.6%로 글로벌 경쟁사 대비 높은 수준(vs 2021년 현대건설 5.1%)을 기록했는데, 이는 IT 서비스 및 중공업, 방산 부문에서 마진율 20% 이상을 유지했기 때문입니다.

회사의 실적 성장 전망도 밝다고 평가됩니다. 이는 모디 정부 집권 후 강력하게 추진하고 있는 제조업 진흥책(생산량 연계 인센티브 및 각종 세제 혜택)으로 인도 민간 설비 투자 증가가 기대되며, 2020년 이후 반등하고 있는 인도 제조업 설비 가동률이 L&T의 신규 수주와 수익성에 긍정적인 영향을 미칠 것으로 예상되기 때문입니다.

또한 유가 등 원자재 가격이 높은 수준으로 유지된다면 원유/정제유/원자력발전 설비 건설을 담당하는 중공업 사업부와 철강/비철산업에 엔지니어링 솔루션을 제공하는 인프라 사업부의 신규 수주도 탄력을 받을 것으로 예상됩니다.

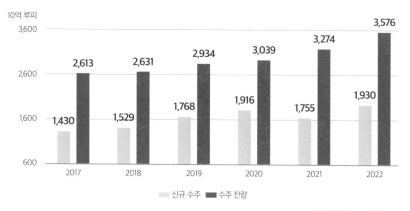

● **차트61** L&T 신규 수주 및 수주 잔량 추세(회계연도 기준)

출처: L&T IR, Annual Report

2022년 연간 실적 발표에서 L&T 경영진은 매출액과 신규 수주가 연평균 15%, 14% 성장을 이어가 2026년(회계연도 기준)에는 2.7조 루피(45조 원), 3.4조 루피(56조 원)를 각각 기록할 것이며, ROE(자기자본이익률)도 18% 이상을 달성(vs 2022년 ROE 11%)할 것이라는 가이던스를 제시했습니다.

4. 투자 포인트

L&T는 주주 친화 기업이라고 할 수 있습니다. 2022년을 제외하면 과거 8년간 주당 배당금을 거의 매년 인상하는 방식으로 주주 환원 정책을 강화했습니다. 주당 배당금은 배당수익률(주가 대비 주당 배당금)을 주요 지표로 고려해 결정하는 것으로 판단됩니다.

재무건전성도 개선되고 있습니다. 2022년(회계연도 기준) 차입금 비율 (자본총계 대비 총차입금)은 1.3배로 2020년(1.9배) 대비 크게 낮아졌습니다.

L&T는 성장성과 안정성을 모두 겸비한 인도 최대 건설·엔지니어링 기업이라고 평가됩니다. 인도 정부가 강력하게 추진하고 있는 제조업 진흥책으로 인도 민간 설비 투자 증가에 따른 수혜가 예상되고, 2022년(회계연도 기준) 전체 EBITDA의 42%를 차지하는 IT 서비스 사업부의 안정적인 이익 기여도 지속될 전망이기 때문입니다.

회계연도 기준

요약 재무제표 (단위: 10억 루피)	2018	2019	2020	2021	2022
매출액	1,199	1,352	1,455	1,360	1,565
EBITDA*	136	153	163	156	182
순이익	74	89	95	116	87
주당 순이익(EPS, 루피)	53	63	68	82	62
주당 순자산가치(BVPS, 루피)	392	445	475	540	587
주당 배당금(DPS, 루피)	16	18	18	36	22
성장률 지표	2018	2019	2020	2021	2022
매출 증가율	9.0%	13%	7.6%	-6.5%	15%
EBITDA 증가율	23%	12%	6.5%	-4.3%	17%
순이익 증가율	22%	21%	7.2%	21%	-25%
주당 배당금 증가율	14%	13%	0.0%	100%	-39%
수익률 및 건전성 지표	2018	2019	2020	2021	2022
EBITDA 마진율	11%	11%	11%	11%	12%
순이익률	6.1%	6.6%	6.6%	8.5%	5.5%
총차입금/자본(배)	1.8	1.8	1.9	1.5	1.3

*EBITDA: 감가상각전 영업이익

출처: L&T IR, Annual Report

20장

인도 투자 관련
주목해야 할 기업⑦

아마존

실정 성장 가시성이 가장 높은 글로벌 기술주

1. 기업 소개

세계에서 가장 빠르게 성장하는 인도 이
커머스시장에 성공적으로 진출한 아마존

Amazon.com(나스닥 티커: AMZN)은 1994년 월
스트리트 출신의 제프 베조스가 창업한 회사입니다. 책을 판매하는 온라
인 마켓플레이스로 시작된 아마존은 이후 글로벌 이커머스 플랫폼으로
성장했을 뿐만 아니라 클라우드 컴퓨팅(AWS), OTT(아마존프라임TV^Amazon
Prime TV), 오프라인 스토어(홀푸드마켓^Whole Food Market 등)로 사업을 확장했
습니다. 2022년 5월 3일 기준 시가총액은 1조 2,640억 달러(1,592조 원)로

미국 상장사 중 네 번째로 큰 규모입니다.

　아마존의 사업부는 크게 2개 부문으로 나눌 수가 있는데 프로덕트 Product 사업 부문인 온라인/오프라인 스토어와 서비스 사업 부문인 FBA(입점 셀러 수수료), AWS, 구독 서비스(아마존프라임 등), 광고 등이 있습니다.

2. 상장 정보

아마존은 1997년 5월 나스닥에 상장했는데 당시 공모 규모는 5,400만 달러(640억 원), IPO 공모 가격은 주당 18달러였습니다. 이후 3차례에 걸쳐 진행된 주식분할을 감안하면 공모 가격은 주당 1.5달러(2021년 말 기준)입니다.

　1997년 당시 창업자인 제프 베조스는 회사 지분 42% 보유하고 있었으나 자신이 설립한 우주 개발업체인 블루오리진 Blue Origin 투자 및 자선기금 설립 등을 위해 수차례에 걸쳐 지분 매각(총 290억 달러)을 했으며, 2021년 11월 기준 지분율은 10%를 밑도는 수준으로 유지하고 있습니다.

　2021년 7월 CEO 자리에서 물러났으나 이사회 의장직은 유지하고 있으며, 후임으로는 AWS 사업 부문을 성공적으로 이끌어오던 앤디 재시 Andy Jassy가 선임되었습니다.

3. 인도 진출 전략

① 현지화 전략을 통한 성공적 진출

아마존은 세계에서 가장 빠르게 성장하고 있는 이커머스시장인 인도에서 시장점유율 30%(2020년)를 확보하는 등 1위 기업인 플립카트와 선두 경쟁을 펼치고 있습니다. 인도 인터넷 보급률이 10%에 머물러 있던 2013년 6월부터 전자상거래 서비스를 시작한 아마존은 시장 성장성을 보고 과감하게 투자를 결정했습니다.

가장 먼저 취했던 전략은 인도 도시의 거리를 돌아다니며 입점 셀러를 모집한 것입니다. 또한 미국과 동일한 FBA(주문, 배송, 반품 등의 과정을 셀러 대신 처리) 서비스 제공을 위해 인도 물류 시스템도 빠르게 구축하면서 배송 능력을 확대했습니다. 2021년 기준 아마존은 인도 전역에 총 60곳이 넘는 FBA 물류 센터와 25개가 넘는 신선식품 배송 센터를 운영하고 있습니다.

아마존 입점 셀러뿐만 아니라 고객을 위한 맞춤 전략도 실행했습니다. 6억 명의 피처폰 사용자들을 위해 속도가 느린 네트워크에서도 사용 가능한 버전으로 앱을 설계했으며, 인도에서는 배송 위치가 정확하지 않다는 점을 극복하기 위해 머신러닝과 인공지능을 이용해 배송 성공률을 높였습니다.

또한 시골 지역에서는 인터넷 사용이 가능하고 은행 계좌가 있는 상점 주들에게 리셀러(에이전트) 역할을 부여해 지역 주민들로부터 현금을 받고 주문을 해주는 방식으로 인도의 낮은 인터넷 보급률과 금융소외층 문제를 돌파했습니다. 이와 같은 노력으로 2021년 말 기준 인도 아마존 가입자 1억 5,000만 명과 입점 셀러 85만 명(전 세계 아마존 셀러 950만 명)을 확보하는 데 성공했습니다.

아마존 셀러 85만 명 중 30만 명은 2020년 초부터 입점을 시작했는데, 셀러 증가 속도가 빨라진 것은 코로나 팬데믹 이후 가파르게 상승한 인터넷 보급률(2019년 45%에서 2021년 61%)과 온라인 판매 수요의 성장 덕분입니다. 이와 같은 노력으로 아마존인디아의 GMV는 2015년(2015년 4월 ~2016년 3월) 24억 달러 수준에서 2021년 150억 달러까지 5년간 약 6.3배 성장했으며, 시장점유율 약 30%를 확보할 수 있게 되었습니다. 치열한 경쟁이 일어나고 있는 인도 이커머스시장에서 플립카트와 함께 선두 그룹을 형성한 것입니다.

향후 성장 전망도 밝습니다. 인도 이커머스시장은 인터넷 보급률 상승과 투자 증가로 전 세계에서 가장 빠른 속도로 성장하고 있기 때문입니다. 2020년 인도 전체 이커머스 GMV는 382억 달러(2021년 550억 달러)를 기록했는데, 이는 백화점, 쇼핑몰, 슈퍼마켓 등의 현대식 소매시장 규모 대비 4.6%에 불과한 수준입니다. 또한 미국 이커머스시장 규모 약 7,900억 달러(미국 소매시장에서 이커머스 비중은 약 14%, 한국, 중국은 25% 이상)에도 크게 미치지 못하는 수준입니다. 하지만 인도투자진흥원에 따르면 인도 이커머스시장은 2030년까지 연평균 23% 성장하며 2020년 대비 약 10배 성장한 3,500억 달러 규모가 될 것으로 전망했습니다. 또한 플립카트와 함께 인도 이커머스시장에서 선두 그룹을 형성하고 있는데 2위 그룹과의 격차가 크기 때문에 시장 성장의 수혜를 온전히 받을 수 있을 것으로 기대됩니다.

② 서비스 사업 부문의 매출 기여도 상승으로 전체 영업마진 성장

아마존의 2017~2021년 매출액은 연평균 27% 성장했지만 영업이익은 이보다 약 2배 이상 높은 57%를 기록했습니다. 이는 마진율이 높은 서비스 부문 매출 비중이 지속적으로 상승하고 있으며, 해외 사업의 실적도 개선되고 있기 때문입니다.

　서비스 사업 부문에는 클라우드 컴퓨팅(AWS), 주문/배송/반품 등의 과정을 셀러 대신 처리하는 FBA 서비스, 아마존프라임과 같은 구독 서비스, 광고 등이 포함되어 있습니다.

● **차트63　아마존 서비스 매출 비중 및 영업이익률 변화**

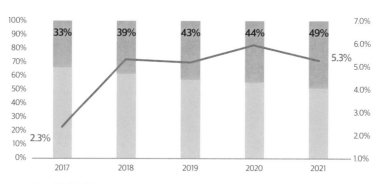

출처: SEC FORM 10-K, Amazon IR

서비스 매출 비중은 5년 전 30% 수준에서 2021년 50% 수준까지 높아졌는데 같은 기간 영업이익률도 2% 초반에서 5.3%까지 상승했습니다. 이는 서비스 사업 부문의 매출총이익률Gross Profit Margin이 70% 이상으로 프로덕트 판매 사업 부문의 매출총이익률 10% 중반 수준을 크게 뛰어넘는 것으로 추정되기 때문입니다. 서비스 사업 부문 중 클라우드 서비스인 AWS의 영업이익률은 약 30% 수준인데, AWS의 매출은 지난 5년간 연평균 37% 성장했으며 전체 매출 비중도 10%에서 13%대까지 높아졌습니다.

긍정적인 점은 2026년까지 글로벌 클라우드시장 규모가 연평균 15% 이상 성장하며 약 1조 달러에 도달할 것으로 시장은 전망하고 있는데, 글로벌 클라우드 컴퓨팅시장 점유율(2020년 기준) 1위를 차지하고 있는 아마존은 시장 성장의 수혜를 입을 것으로 예상됩니다.

아마존의 성장 전략은 손익분기점에 물건을 판매해 빠르게 많은 고객을 확보하고 이를 보고 입점한 셀러(기업)들에게 FBA 서비스와 AWS(서버) 등을 제공해 더 큰 수익으로 연결하는 것입니다. 따라서 앞으로도 서비스 사업 부문의 실적 기여도는 더욱 높아질 것으로 기대되는데, 이는 아마존의 이익 성장성 및 가시성을 높게 평가할 수 있는 근거입니다.

4. 투자 포인트

주주 환원보다는 투자를 통한 성장에 집중

2021년 말 기준 아마존은 배당이나 적극적인 자사주 매입은 하지 않고 있습니다. 다만 매년 매출의 5~10% 수준의 투자를 통해 성장해오고 있습니다. 빠르게 성장하는 클라우드 컴퓨팅과 인도와 같은 신규 시장 등에서의 점유율 우위를 유지하기 위해 불가피한 전략이라고 판단됩니다. 향후 주주 환원 정책까지 강화한다면 주가 재평가의 계기가 될 수 있을 것으로 기대됩니다.

종합하면 아마존은 이익 가시성과 성장성이 가장 높은 글로벌 기술주 중 하나라고 판단됩니다. 매출총이익률 약 80%에 달하는 서비스 부문이 전체 매출의 50%를 상회할 것으로 예상되는 등 기업 체질이 빠르게 개선되고 있으며, 세계에서 가장 빠르게 성장하는 인도 이커머스시장에서의 성과도 기대되기 때문입니다.

● **차트64 아마존(나스닥 티커: AMZN) 주요 재무 지표**

요약 재무제표 (단위: 10억 달러)	2017	2018	2019	2020	2021
매출액	178	233	281	386	470
영업이익	4.1	12	15	23	25
순이익	3.0	10	12	21	33
주당 순이익(EPS, 달러)	6.2	20.1	23.0	41.8	64.8
투자 지출(Capex)	10	11	13	35	55
순현금*	6.2	18	32	53	47
성장률 지표	**2017**	**2018**	**2019**	**2020**	**2021**
매출 증가율	31%	31%	20%	38%	22%
영업이익 증가율	-1.9%	203%	17%	57%	8.6%
순이익 증가율	28%	232%	15%	84%	56%
Capex/매출액	5.7%	4.9%	4.5%	9.1%	12%
수익률 지표	**2017**	**2018**	**2019**	**2020**	**2021**
영업이익률	2.3%	5.3%	5.2%	5.9%	5.3%
순이익률	1.7%	4.3%	4.1%	5.5%	7.1%

*순현금: 총보유현금-총차입금

출처: SEC FORM 10-K, Amazon IR

21장

인도 투짜 관련
쭈목해야 할 기업⑧

애플

**인도 시장 본격 진출과 강력한 주주 환원 정책으로
주주가치 연속 성장**

1. 기업 소개

애플Apple(나스닥 티커: AAPL)은 1976년 스티브 잡
스와 스티브 워즈니악이 창업한 생태계Ecosystem
기반의 모바일 하드웨어 혁신 기업입니다. 아이
맥iMac(1998년), 아이팟(2001년), 아이폰(2007년), 아
이패드(2010년), 애플워치(2015년)와 같은 혁신적

인 하드웨어 론칭을 통해 경쟁사와의 격차를 벌렸을 뿐만 아니라 반도체
칩 자체 설계 및 iOS 운영 체제 등을 통해 시장 경쟁력을 확고히 하고 있

습니다.

애플의 시가총액은 2022년 5월 3일 기준 2조 6,030억 달러(3,282조 원)로 미국뿐만 아니라 글로벌 상장 기업 중 최대 규모입니다. 사업 부문은 크게 제품과 서비스 두 부문으로 나눌 수 있습니다. 서비스 사업 부문 실적은 앱스토어, 아이튠즈, 애플페이 등 iOS 생태계 운영에서 발생하는 실적입니다.

2. 상장 정보

애플은 1980년 12월 나스닥에 상장되었습니다. 공모 규모가 약 1억 달러에 달했는데, 이는 당시 IT산업에서 역대 최대 규모로 기록된 IPO였습니다. 공모 가격은 주당 22달러였으며 이후 2020년까지 5차례 진행된 주식 분할을 감안하면 IPO 공모 가격은 주당 10센트입니다.

2021년 12월 31일 기준 애플의 최대 주주는 글로벌 투자기관이자 패시브 투자(지수 투자 등)로 유명한 뱅가드그룹^{The Vanguard Group}으로 7.3%의 지분을 보유하고 있습니다. 창업자인 스티브 잡스는 1985년 애플을 떠나 애니메이션 스튜디오 픽사^{Pixar}를 창업하기 전 보유하고 있던 지분 11%를 매각했습니다.

3. 인도 진출 전략

인도 프리미엄 스마트폰시장 1위

애플의 인도 진출은 말 그대로 본격화되고 있습니다. 애플의 생산 협력

업체(윈스트론과 폭스콘)의 생산 공장이 중국에서 인도로 이전하는 등 인도 내 생산 능력을 빠르게 강화하고 있습니다.

이와 같은 결정 배경에는 2014년 모디 총리가 발표한 제조업 진흥책이 있습니다. 정책 설계 이후 수입관세 인상, 법인세율 인하, 생산량 연계 인센티브 등을 연달아 발표하면서 인도 소비시장을 공략하는 글로벌 기업들이 인도 현지에서 생산을 하지 않으면 가격 경쟁력을 가질 수 없게 했습니다.

2020년 이전 애플은 아이폰SE, 아이폰6s 등 저가 기종들만 ODM 파트너들을 통해 인도 현지 생산을 하고 있었습니다. 그 외의 아이폰 모델 대부분은 인도 외에서 생산 및 수입되었는데, 약 30%의 수입관세율로 인해 인도 스마트폰시장에서의 가격 경쟁력은 크게 낮을 수밖에 없었습니다. 이후 애플은 인도 현지 생산 비중을 빠른 속도로 높였습니다. 2018년 인도에서 판매되던 아이폰의 17%만이 현지 생산이었으나 2021년에는 76%까지 높아졌습니다.

인도 현지 생산 비중 확대로 애플은 프리미엄 스마트폰시장에서 가격 경쟁력을 갖추게 되었으며 이에 인도 아이폰 판매량과 시장점유율도 빠르게 상승하고 있습니다. 2021년 아이폰 판매량은 전년 대비 48% 성장한 540만 대를 기록했고, 인도 스마트폰시장 점유율도 2%대에서 4.4%까지 높아졌습니다. 또한 울트라 프리미엄시장(4만 5,000루피, 650달러 이상)에서의 시장점유율도 2020년 50%에서 2021년 70%까지 높아지는 등 이 시장에서 1위 자리를 공고히 하고 있습니다.

흥미로운 점은 2021년 가장 많이 팔린 아이폰은 고가 모델인 아이폰12였습니다. 2022년부터는 아이폰13의 인도 현지 생산이 시작되었고 하반기(또는 2023년)에는 애플스토어도 오픈이 예정되어 있는 만큼 판매량 증가세가 이어져 인도가 전체 애플 실적에 기여하는 비중도 점차 높아질 전망입니다. 인도 스마트폰 보급률이 약 38%(2021년 말 기준)에 불과하다는 점을 감안하며 인도 스마트폰시장의 성장 잠재력과 애플의 인도 현지 생산 능력 증설에 따른 시장점유율 확대를 쉽게 예측할 수 있습니다. 참고로 2022년 인도 스마트폰 연간 판매량 규모는 전년 대비 10% 이상 성장한 1.8~1.9억 대로 미국 시장 규모를 약 30% 넘어설 것으로 전망됩니다.

2021년 전체 애플 매출에서 북미 기여도는 40% 수준이 유지되고 있는 반면 중국을 제외한 아시아 지역(인도 포함)에서의 매출 기여도는 2015년(회계연도 기준) 13%에서 2021년 15% 수준까지 점진적으로 높아지고 있습니다. 애플은 2021년 실적 발표에서 특히 인도와 베트남 실적이 약 2배 성장하는 등 기여도가 높아졌다고 밝혔습니다.

4. 사업 부문 소개

서비스 사업 부문의 매출 비중 상승

애플의 혁신에 대한 노력은 영업실적으로 증명되고 있습니다. 2021년(회계연도 기준) 애플의 매출액은 3,658억 달러(437조 원)로 사상 최고치를 기록했으며, 영업마진도 2015년 이후 처음으로 30%대를 돌파했습니다.

2021년 아이폰 판매량도 종전 최고 기록이었던 2015년 2억 3,100만 대를 넘어선 2억 3,600만 대를 기록했고, 평균 판매 가격^{Average Selling Point, ASP}도 전년 대비 10% 이상 상승했습니다.

그럼에도 불구하고 아이폰의 매출 비중은 과거 60%가 넘는 수준에서 2021년에는 50% 초반까지 낮아졌습니다. 이는 웨어러블(애플워치, 에어팟 등) 부문과 서비스(앱스토어, 아이튠즈, 애플페이 등) 부문의 매출 기여도가 각각 10%, 20% 수준까지 높아졌기 때문입니다. 특히 서비스 부문의 매출 비중은 2017년 14%에서 2021년 20% 수준까지 꾸준히 상승했는데, 서비스 부문의 매출총이익률이 약 70%로 제품 사업 부문의 2배에 달하기 때문에 애플의 전체 영업마진율도 2015년 이후 가장 높은 수준을 기록할 수 있었던 것입니다.

● **차트65　애플 서비스 매출 및 이익 비중 변화**(회계연도 기준)

향후에도 서비스 사업 부문의 실적 기여도는 높아질 전망인데, 이는 애플의 하드웨어 판매량이 증가할수록 iOS 생태계가 강화되고, 구축된 생태계는 다시 하드웨어 판매량 증가로 이어지는 선순환이 만들어지고 있기 때문입니다. 마진율이 높은 서비스 부문의 매출 비중이 지속적으로 성장한다면 제품 판매 가격 변동에 따른 실적 민감도가 낮아지는 등 애플의 실적 안정성도 더욱 높아질 것으로 기대됩니다.

5. 투자 포인트

① 애플카 론칭 이후 서비스 및 구독 생태계 추가 구축 기대

애플의 신규 시장 진출도 기대됩니다. 애플은 2025년 이전까지 전기차 시장에 진출할 것으로 예상되는데 ODM 파트너를 통해 완전한 전기차 생산까지 할 것인지 아니면 카플레이^{CarPlay}와 같은 IT 생태계만 구축할지에 대해서는 확인되지 않았습니다.

투자자들이 갖는 우려는 자동차시장의 평균 영업마진이 애플 비즈니스 대비 크게 낮다는 점입니다. 하지만 저마진 산업이라 하더라도 전기차 투하자본이익률^{ROIC}이 가중평균자본비용^{WACC} 대비 높게만 유지된다면, 즉 투하 자본의 수익률이 투자 자금 조달비용보다 높다면 주주가치는 성장할 수 있습니다. 또한 스마트폰, PC, 태블릿 각 시장을 합한 규모 이상으로 커질 것으로 기대되는 전기차시장에서 애플이 구축할 서비스 및 구독 생태계를 통해 추가 이익을 얻을 수 있다면 시장이 기대하는 수준 이상의 이익 성장도 달성 가능할 전망입니다.

② 매년 강력한 주주 환원 정책 실행을 통한 주주가치 극대화

애플의 또 다른 투자 포인트는 강력한 주주 환원 정책입니다. 애플은 매년 자사주 매입 및 소각 그리고 배당을 이어오고 있는 주주 친화 기업입니다. 2021년(회계연도 기준) 자사주 매입과 배당에 각각 860억 달러, 145억 달러의 현금이 사용되었고, 지난 10년간 애플이 자사주 매입에 사용한 현금은 4,640억 달러(555조 원)에 달합니다.

이에 따른 효과는 당기순이익(또는 세전이익)과 EPS(주당 순이익)를 비교하면 명확해집니다. 2013~2021년 애플의 연평균 세전이익 성장률은 10%에 머물렀지만 EPS 성장률은 연평균 19%를 기록했습니다. EPS의 성장률이 세전이익보다 높은 것은 자사주 매입 및 소각으로 주식수가 감소(분모 감소)했기 때문입니다. CEO인 팀 쿡은 2021년 실적 발표에서 애플의 연간 잉여현금흐름 창출 능력이 견고하기 때문에 보유 현금이 차입금과 비슷한 수준까지 낮아지더라도 매년 강력한 주주 환원 정책을 이어갈 수 있을 것이라 밝혔습니다.

애플에 대한 투자에 있어 리스크는 현재 이슈가 되고 있는 앱 독점 배포 및 인 앱In App 결제 강제 금지 법안입니다. 금지 법안이 전 세계적으로 통과가 된다면 애플의 서비스 사업 부문뿐만 아니라 제품 사업 부문의 향후 실적에도 부정적인 영향을 미칠 가능성이 있습니다.

회계연도* 기준

요약 재무제표 (단위: 10억 달러)	2017	2018	2019	2020	2021
매출액	229	266	260	275	366
영업이익	61	71	64	66	109
순이익	48	60	55	57	95
주당 순이익(EPS, 달러)	2.3	3.0	3.0	3.3	5.6
주당 배당금(DPS, 달러)	0.6	0.7	0.8	0.8	0.9
순현금**	153	123	98	79	66
성장률 지표	**2017**	**2018**	**2019**	**2020**	**2021**
매출 증가율	6%	16%	-2%	6%	33%
영업이익 증가율	2%	16%	-10%	4%	64%
순이익 증가율	6%	23%	-7%	4%	65%
EPS 증가율	11%	29%	0%	10%	71%
수익률 지표	**2017**	**2018**	**2019**	**2020**	**2021**
영업이익률	27%	27%	25%	24%	30%
순이익률	21%	22%	21%	21%	26%

*회계연도: 직전년 10월~당해년 9월
**순현금: 총보유현금-총차입금

출처: SEC FORM 10-K, Apple IR

22장

인도 투자 관련
쭈목해야 할 기업⑨
메타플랫폼

인도 시장과 VR/AR 플랫폼 생태계 구축이 미래 성장의 열쇠

1. 기업 소개

메타^{Meta Platforms}(나스닥 티커: META)는 2004년 마크 주커버그^{Mark Zuckerberg}와 하버드대학 동기 4인이 설립한 소셜미디어

플랫폼입니다. 페이스북^{Facebook}, 인스타그램^{Instagram}, 왓츠앱^{WhatsApp} 등의 소셜미디어와 인도 최대 디지털·통신 기업 지오플랫폼의 지분 9.99%를 보유하고 있습니다.

메타의 시가총액은 2022년 5월 3일 기준 5,738억 달러(725조 원)이며 나스닥 상장사 중 8번째로 큰 규모입니다. 매출액의 대부분은 광고 수익인

데, 플랫폼 내 노출된 광고 게재 공간을 기업(마케터)에게 판매해 수익으로 인식합니다. 광고 클릭수에 따라 기업들이 메타에 비용을 지불하는 방식으로, 29억 명에 달하는 글로벌 활성 유저 데이터를 기반으로 각 유저 성향에 맞는 표적 광고를 할 수 있어 효과가 뛰어납니다.

2. 상장 정보

메타는 2012년 1월에 나스닥에 상장되었으며 IPO 공모 당시 회사가치는 1,040억 달러로 책정되었습니다. 공모 규모는 160억 달러(주당 38달러)였는데, 규모로만 본다면 역대 세 번째로 큰 IPO였습니다.

　2021년 3분기 말 기준 메타플랫폼의 CEO이자 이사회 의장인 마크 주커버그는 의결권 55%를 확보하고 있는 최대 주주입니다. 회사 의사결정권이 1인에 집중되어 있는 것은 미국의 대형 기술 상장사들 중 이례적인 형태로 주가에 리스크가 될 수 있다는 시장의 의견도 있습니다.

3. 인도 진출 전략

① 인도, 유저수 기준 메타의 최대 시장으로 성장

인도 시장에서 메타의 성장은 인도 대표 정부 정책 과제인 디지털 인디아(2015년) 발표와 2016년 릴라이언스지오의 4G 이동통신 서비스 출시 이후 본격화되었습니다. 인도의 낮아진 모바일 데이터 가격은 인터넷 보급률 상승과 스마트폰 판매량 증가로 이어졌습니다. 인도 인터넷 보급률은 2015년 22%에서 2021년 61%까지 상승했으며, 같은 기간 스마트폰 사용자수도 2억 명에서 5.3억 명까지 증가하는 등 디지털화가 빠르게 진행되면서 메타의 성장 환경이 만들어진 것입니다. 실제 인도의 페이스북 월 활성 유저수는 2016년 2억 명에서 2021년에는 4억 3,400만 명까지 증가했는데, 이는 미국 유저수 대비 2배 이상 많은 수준입니다.

또한 같은 기간 왓츠앱 가입자가 1억 9,000만 명에서 4억 명 이상으로, 인스타그램 가입자도 1,600만 명에서 2억 명을 각각 돌파했습니다. 인도가 가입자수 기준 메타의 가장 큰 시장으로 성장한 것입니다. 2021년(회계연도 기준) 메타플랫폼의 인도 광고 매출액Gross Ad Revenue도 932.6억 루피(12억 5,000만 달러)를 기록하며 전년 대비 41% 성장했습니다.

② 인도 최대 디지털·통신 기업 지오플랫폼과 협력 강화

2020년 4월 메타플랫폼은 지오플랫폼에 4,357억 루피(6조 9,000억 원)를 투자해 9.99% 지분을 확보했습니다. 이후 지오플랫폼의 자회사인 이커머스 플랫폼 지오마트와의 협력이 본격화되고 있습니다.

지오마트는 2020년 5월에 설립된 릴라이언스인더스트리의 손자회사(릴라이언스리테일과 지오플랫폼의 합작사)로 개인 고객뿐만 아니라 50만 개 이상(2021년 기준)의 소규모 소매업체를 고객으로 확보하고 있습니다. 고객이 왓츠앱(메신저)에 있는 지오마트 비즈니스 계정을 탭하고 쇼핑하는 방식으로 서비스를 제공하는데, 왓츠앱이 단순 채팅앱이 아니라 인도인이 생활 속에 더 자주 이용할 수 있는 '생활 밀착형' 플랫폼으로 성장할 수 있는 계기가 마련된 것입니다.

2021년 기준 인도의 인터넷 보급률은 약 61%이며 14억 명의 인구 중 스마트폰 사용자수는 약 5.3억 명에 불과합니다. 하지만 매년(2018~2021년, 회계연도 기준) 인터넷 가입자수가 평균 4,000만 명 이상 증가하는 등 디지털화가 빠른 속도로 진행 중인데, 이는 인도에서 메타의 성장 가능성이 여전히 높다는 것을 의미합니다.

4. 사업 부문별 소개 및 전망

① 인도, 메타의 성장을 이끌 주요 시장이 될 것

메타 전체 매출(2021년)에서 광고와 리얼리티랩^{Reality Lab}(VR, AR 기기 및 콘텐츠)이 차지하는 비중은 각각 98%, 1.9%입니다. 페이스북의 월간 활성 유저수는 약 29억 명(2021년 12월 말 기준)으로 글로벌 소셜미디어 중 최대 규모이며 2위를 기록한 유튜브^{Youtube}의 약 22억 명과도 큰 차이가 있습니다.

메타의 연간 매출액은 지난 5년간(2017~2021년) 연평균 31% 성장했는데, 이는 북미와 유럽 지역에서 유저당 매출^{Average Revenue Per User, ARPU}이 연평균 26.5% 성장한 것이 주요 요인입니다. 다만 단기적인 실적 성장 속도는 하락할 가능성이 높은데, 총매출의 70%에 달하는 북미와 유럽 지역에서의 유저당 매출 성장율이 하락하고 있고 신규 유저 증가율도 한 자릿수에 머물러 있기 때문입니다.

향후 장기적인 성장은 아시아 지역이 이끌 것으로 기대됩니다. 아시아 지역의 일간 활성 유저수^{Daily Active User, DAU}는 지난 5년간 연평균 13% 증가

● **차트67** 페이스북 총 유저수 중 인도가 차지하는 비중

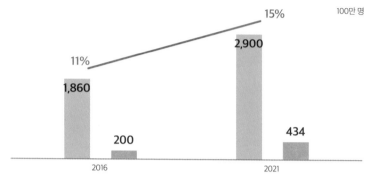

100만 명

*월간 활성 유저수(MAU) 기준

출처: SEC FORM 10-K, Meta IR, Mint

했으며 전체 유저수 비중도 36%에서 42%로 높아졌습니다. 메타 경영진은 실적 발표에서 인도에서의 유저 유입이 두드러지고 있다고 밝혔습니다. 인도는 유저수 기준 페이스북 최대 시장으로 페이스북 전체 유저수에서 차지하는 비중이 약 15% 수준(2021년 기준)입니다. 스마트폰 보급률(2021년 기준)이 약 38%에 불과한 인도에서 스마트폰 사용 인구가 빠르게 증가하고 있어 향후 메타 성장을 이끌 주요 시장이 될 가능성이 높다고 예상됩니다.

② VR/AR 플랫폼 생태계 구축으로 높은 미래가치 기대

메타의 미래 성장 전략은 VR/AR 플랫폼 구축입니다. 메타는 2014년 VR/

AR 하드웨어 및 소프트웨어를 판매하는 오큘러스Oculus를 20억 달러에 인수했습니다. 이후 오큘러스를 리얼리티랩 사업 부문으로 통합하여 VR/AR 플랫폼 구축에 힘을 쏟고 있습니다.

메타의 오큘러스 퀘스트2

출처: The Times of ISRAEL

 VR 헤드셋은 PC와의 연결 없이 자유롭게 가상세계를 체험할 수 있는 방식으로 기존 모바일 기기/PC로 가능했던 커뮤니케이션, 광고, 게임을 즐길 수 있습니다. 즉, 메타는 새로운 방식의 소셜 플랫폼 생태계를 조성할 수 있게 되는 것입니다. VR/AR을 통해 얻을 수 있는 데이터는 사람의 시선, 동작 등 이전에 존재하지 않았던 독특한 형태가 될 것인데, 이는 개인 고유 정보로도 활용이 가능할 전망입니다.

 마크 주커버그는 오큘러스 퀘스트Oculus Quest 첫 출시 당시 1,000만 명의 VR 유저를 확보하는 것이 VR 플랫폼 생태계 구축과 폭발적인 성장에 중요한 기점이 될 것이라 밝혔습니다. 그리고 2021년 3분기 인텔의 실적 발표에서 메타가 오큘러스 퀘스트2를 출시한 2020년 10월부터 2021년 9월 말까지 1,000만 개의 세트를 판매한 사실을 확인할 수 있었습니다. (인텔은 메타의 최신 버전 VR 기기인 오큘러스 퀘스트2에 사용되는 칩을 공급하고 있습니다.)

 2021년 메타의 VR/AR 부문 실적은 매출액 23억 달러(전년 대비 100% 성장), 영업 손실 102억 달러를 기록했지만 VR 플랫폼 생태계가 구축되기 시작한 만큼 시장 성장이 본격화된다면 메타의 미래 성장가치도 한 단계 상승할 것으로 기대됩니다.

5. 투자 포인트

자사주 매입 규모 확대를 통해 주주 환원 정책 강화

페이스북은 배당은 하고 있지 않지만 자사주 매입 방식으로 주주 환원 정책을 펼치고 있습니다. 자사주 매입은 2017년부터 시작되었는데, 2017년에는 잉여현금흐름 대비 자사주 매입 금액 비중이 11% 수준이었지만 2021년 역대 최고 수준인 110%를 넘어섰습니다. 2018년 이후 자사주 매입 규모를 지속적으로 확대하는 방식으로 주주 환원 정책을 강화하고 있는 것입니다.

● **차트68** 메타(나스닥 티커: META) 주요 재무 지표

요약 재무제표 (단위: 10억 달러)	2017	2018	2019	2020	2021
매출액	41	56	71	86	118
영업이익	20	25	24	33	47
순이익	16	22	18	29	39
주당 순이익(EPS, 달러)	5.4	7.6	6.4	10.1	13.8
자사주 매입금	2.0	13	4.2	6.3	45
순현금*	42	41	55	62	48
성장률 지표	**2017**	**2018**	**2019**	**2020**	**2021**
매출 증가율	47%	37%	27%	22%	37%
영업이익 증가율	63%	23%	-3.7%	36%	43%
순이익 증가율	56%	39%	-16%	58%	35%
EPS 증가율	55%	41%	-15%	57%	36%
수익률 지표	**2017**	**2018**	**2019**	**2020**	**2021**
영업이익률	50%	45%	34%	38%	40%
순이익률	39%	40%	26%	34%	33%

*순현금: 총보유현금-총차입금

출처: SEC FORM 10-K, Meta IR

23장

인도 투자 관련
주목해야 할 기업⑩
테슬라

세계 최대 ESG 기업, 재생 에너지에서 로봇택시 사업까지

1. 기업 소개

테슬라^{Tesla}(나스닥 티커: TSLA)는 2003년에 설립된 자율주행 전기차 회사입니다. 회사가 진출해 있는 사업은 크게 세 가지로 나눌 수 있습니다. 첫 번째는 전기자동차 부문이며 2021년 말 기준 모델S, 모델3, 모델X, 모델Y와 자율주행 패키지 등을 생산·판매합니다.

두 번째는 에너지 저장장치^{Energy Storage System, ESS} 부문입니다. 현재 세계적인 추세는 온실가스 배출이 없는 태양광, 풍력 등 신재생 에너지 비

중이 확대되면서 중앙공급형 전력망에서 각 지역에서 소규모 생산되는 재생 에너지를 저장·거래까지 할 수 있는 분산형으로 변하고 있습니다. 테슬라의 ESS는 가정용(파워월Powerwall), 상업용(파워팩Powerpack), 대용량(메가팩Megapack)으로 나눌 수 있으며, 50개국 이상에 공급하고 있습니다.

세 번째는 태양광 발전 부문입니다. 2016년 솔라시티Solar City 인수 이후 태양광 패널(솔라루프) 사업에 뛰어들었는데, 일반 지붕 타일보다 높은 내구성과 경쟁력 있는 디자인을 가진 가정 및 상업 건물용 솔라루프를 생산하고 있습니다.

종합하면, 테슬라는 자율주행 전기차 생산부터 에너지 생산, 저장, 거래 중개 부문에까지 성공적으로 진출했습니다.

2. 상장 정보

테슬라는 2010년 6월 나스닥에 상장되었습니다. IPO 공모 시가총액은 약 17억 달러, 공모 규모는 2억 2,600만 달러였습니다. 2022년 5월 3일 기준 시가총액은 9,420억 달러(1,191조 원)로 세계에서 5번째로 큰 시가총액을 가진 상장사로 성장했습니다.

테슬라의 CEO이자 공동창업자인 일론 머스크는 테슬라의 최대 주주로 18%의 지분(2021년 12월 말 기준, 1억 7,700만 주)을 보유하고 있습니다.

3. 인도 진출 초읽기

테슬라는 2021년 말 기준 인도 시장에 전기차를 출시하기 위한 인도 정부 승인을 받아둔 상태입니다. 출시를 늦추고 있는 이유는 차량 가격의 60~100%에 달하는 인도 수입관세 때문입니다. 인도에서 생산한다면 제조업 진흥책에 의거해 인센티브가 주어지지만 수입 자동차에 대해서는 높은 관세가 부과되는 것입니다. 테슬라도 인도에 생산 공장 건설을 고려하고 있다고 알려졌으나 아직 확정된 바는 없습니다.

인도의 자동차시장은 세계에서 네 번째로 큰 규모(2021년 기준)입니다. 2021년 인도 승용차 판매량이 코로나 팬데믹의 영향에서 벗어나 연간 300만 대를 회복한 가운데 인도 전기차시장도 태동하기 시작했습니다. 2021년 인도 전기승용차 판매량은 1만 4,690대로 전체 승용차시장의 0.5%의 점유율을 기록했습니다. 인도 정부는 2030년까지 승용차 판매량의 30%, 상용차 판매량의 80%를 전기차로 대체한다는 목표를 가지고 있으며, 이를 달성하기 위해 인도 중앙/지역 정부는 전기차 생산자뿐만 아니라 소비자에게도 인센티브를 제공하기 시작했습니다.

4. 사업 부문별 소개

모델3 론칭 이후 빠른 속도로 판매량 성장

테슬라 전체 매출(2021년)에서 전기차, 에너지, 서비스 및 기타 부문이 88%, 5%, 7%의 비중을 각각 기록했습니다. 전기차 사업 부문에는 4가지 전기차 모델(모델S, 모델X, 모델3, 모델Y) 판매와 교통 정보와 엔터테인먼트 서비스를 제공하는 커넥티비티^{Connectivity}, 자율주행 구독 서비스 그리고 탄소 배출 크레딧^{Regulatory Credit} 판매 등이 포함됩니다.

에너지 사업 부문에서는 전력 생산에 필요한 태양광 패널(솔라루프 V3)과 에너지 저장장치인 파워팩 등을 생산 및 판매하고 있으며 에너지 거래 플랫폼인 오토비더^{AutoBidder}도 함께 운영하고 있습니다.

서비스 및 기타 부문은 전기차에 대한 사후관리와 테슬라 자동차 보험 매출을 포함합니다. 테슬라의 매출과 EBITDA는 지난 5년간(2017~2021년) 연평균 46%, 106% 각각 성장했습니다.

이와 같은 고속 성장이 가능했던 이유는 전기차 판매량과 판매 가격의

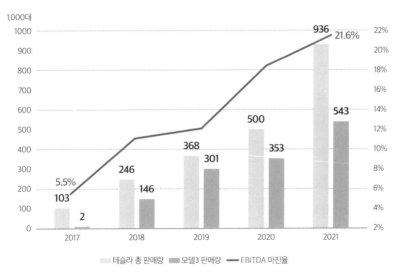

● 차트69 **테슬라 전기차 판매량과 EBITDA 마진율**(회계연도 기준)

출처: SEC FORM 10-K, Tesla IR

가파른 성장에 있습니다. 2016년 7만 6,000대에 불과했던 판매량이 2021년에는 1,100% 이상 성장한 93만 6,000대를 돌파했는데, 특히 보급형 세단인 모델3의 판매량이 2017년 1,760대에서 2021년 50만 대 이상을 기록한 것이 전체 판매량 성장의 주요 요인이었습니다. 또한 전체 전기차 판매의 약 60%에 달하는 모델3(스탠다드 레인지 플러스 등)의 판매 가격이 2017년 출시 이후 2021년 연말까지 약 30% 인상된 것도 실적 성장에 기여했습니다.

5. 투자 포인트

① 주주 환원보다는 투자를 통한 성장에 집중: 공격적인 전기차 생산 능력 증설 지속

테슬라는 2021년 말 기준 현금 배당이나 자사주 매입을 하고 있지 않습니다. 투자를 통해 성장하고 있는데 실적도 빠르게 개선되어 2019년부터는 잉여현금흐름이 플러스로 전환되었으며 2021년 말 기준 순현금 109억 달러를 보유하고 있습니다.

2021년 말 기준 테슬라 전기차 생산 능력은 미국(캘리포니아) 공장 60만 대, 중국(상하이) 공장 50만 대로 총 110만 대에 달하며, 2022년 초 완공될 각 50만 대 규모의 독일과 미국(텍사스) 신규 공장들을 포함하게 된다면 210만 대까지 확대됩니다. 또한 테슬라는 중국 이외의 아시아 지역에 신규 증설 계획이 있으며 인도에도 추가로 고려 중이라고 밝혔습니다.

테슬라의 연간 판매량 목표는 직전년도 대비 50% 성장하는 것인데, 전기차에 대한 견조한 글로벌 수요와 생산 시설 증설 속도 및 신차 출시 계획(사이버트럭, 세미트럭) 등을 감안하면 달성이 가능한 수준이라고 평가됩니다.

② 완전자율주행차 완성 이후 MaaS시장 본격 진출

테슬라의 미래는 사율주행 발전으로 기대되는 MaaS^{Mobility as a Service}시장 진출과 에너지 사업 부문 성장이 이끌 것이라 예상합니다. 많은 시장 전문가들은 자율주행 발전으로 로보택시 등 MaaS시장이 수천조 규모로 성장할 것이라 전망하고 있습니다.

2021년 테슬라가 판매한 전기차의 자율주행은 2단계로 차선 유지와 변경, 신호 인식 및 고속도로 반자율주행 등이 가능했습니다. 테슬라는 완전자율주행(5단계) 테스트도 일부 기존 소유자와 직원들 대상으로 진행했지만 실제 고객에게 판매하기 위해서는 더 많은 자율주행 데이터 확보와 딥러닝 적용이 필요하다고 밝혔습니다.

또한 일론 머스크가 수차례 전망한 완전자율주행 적용 시기가 계속 늦춰지고 있어 현재 시점에서 테슬라의 밸류에이션에 테슬라의 MaaS시장 진출에 따른 미래 실적 전망치를 반영하기는 아직 이르다고 판단됩니다. 다만 향후 테슬라의 완전자율주행 '사고율 추이'가 MaaS시장 진입 가능 시기를 알려줄 중요한 지표^{indicator}가 될 수 있을 것입니다.

③ 재생 에너지 수요 증가로 ESS 사업 부문 성장 본격화

태양광 패널과 에너지 저장장치를 생산 및 판매하고 있는 테슬라는 2020년 주거용 태양광 패널시장(미국)에서 총용량 205MW 규모의 판매 실적을 기록하며 3번째로 높은 점유율을 차지했습니다. 2021년 테슬라의 에너지 사업 부문 매출은 약 28억 달러를 기록했으며 미래 성장을 견인할 핵심 사업 부문으로 평가됩니다. 향후 전기차시장이 성장할수록 고객들은 전력을 생산할 수 있는 태양광 패널과 가정용 에너지 저장 시스템(파워월)에 대한 관심이 높아질 것으로 예상됩니다.

또한 전 세계적으로 온실가스 배출이 없는 재생 에너지 비중이 확대되면서 중앙집중형 전력망에서 분산형으로 빠르게 이동할 것으로 기대됩니다. 파워팩과 메가팩 등 테슬라의 에너지 저장장치에 대한 수요가 증가할 것으로 예상되는 이유입니다. 2021년 기준 과거 5년간 테슬라의 에너지 저장장치 판매 및 설치 규모는 연평균 83% 성장했습니다. 또한 2021년 9월부터 생산 능력 40GWh 규모의 메가팩 에너지 저장장치 생산 공장 건설을 시작했는데, 과거 1년(2020년 10월~2021년 9월)간 테슬라의 메가팩 생산 및 판매 규모가 3GWh(1,000개 블록, 블록당 3MW)였다는 점을 감안하면 10배 이상의 규모입니다.

● 차트70 테슬라(나스닥 티커: TSLA) 주요 재무 지표

요약 재무제표 (단위: 10억 달러)	2017	2018	2019	2020	2021
매출액	12	21	25	32	54
EBITDA*	0.6	2.4	3.0	5.8	12
순이익	-2.2	-1.1	-0.8	0.9	5.6
주당 순이익(EPS, 달러)	-2.4	-1.1	-1.0	0.6	4.9
투자 지출(Capex)	3.4	2.1	1.3	3.2	6.5
순차입금(순현금)**	6.7	8.1	7.2	-7.7	-11
잉여현금흐름	-3.5	-0.0	1.1	2.8	5.0
성장률 지표	**2017**	**2018**	**2019**	**2020**	**2021**
매출 증가율	68%	83%	15%	28%	71%
EBITDA 증가율	-23%	272%	25%	95%	100%
순이익 증가율	-	-	-	흑자 전환	555%
Capex/매출액	29%	9.8%	5.4%	10%	12%
수익률 지표	**2017**	**2018**	**2019**	**2020**	**2021**
EBITDA 마진율	5.5%	11%	12%	18%	22%
순이익률	-	-	-	2.7%	10%

*EBITDA: 감가상각전 영업이익
**순차입금: 총차입금-총보유현금

출처: SEC FORM 10-K, Tesla IR

투자자들이
참고할 만한
유용한 사이트

1. 머니컨트롤

www.moneycontrol.com

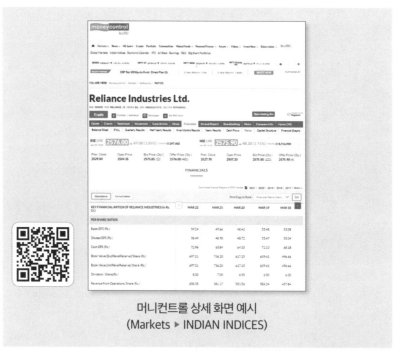

머니컨트롤 상세 화면 예시
(Markets ▶ INDIAN INDICES)

제공 정보

- 기업 소개/주가/뉴스
- 주주 구성
- 분기, 반기, 연간 재무제표
- 주요 재무 비율
- 경쟁사 밸류에이션 비교

2. 마켓스크리너

www.marketscreener.com

마켓스크리너 상세 화면 예시
(Markets ▶ Equities ▶ Asia ▶ India)

제공 정보

- 기업 소개/주가/뉴스

- 주주 구성

- 분기, 연간 재무제표

- 주요 재무 비율

- 증권사 목표주가와 현재 주가 비교

- 증권사 애널리스트 투자 의견, 목표주가, 실적추정치 변경 관련 뉴스

- 회사 주요 이벤트 소개(예. 실적 공시 등)

3. NSE

www.nseindia.com

NSE 상세 화면 예시
(Equities)

제공 정보

- NSE에 상장된 모든 기업들의 주가 정보
- 기업 주식 거래량 정보(일 거래량, 유동주식수, VaR 등)
- 기업 공시 자료(Annual Report 등)

4. 이코노믹타임즈

www.economictimes.indiatimes.com

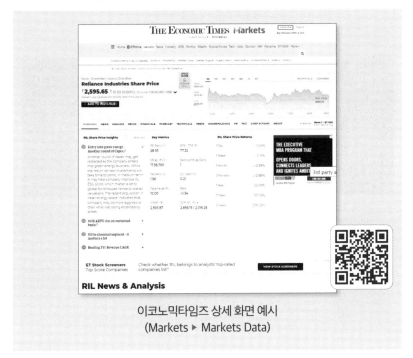

이코노믹타임즈 상세 화면 예시
(Markets ▶ Markets Data)

제공 정보

- 기업 소개/주가/뉴스
- 분기, 연간 재무제표
- 주요 재무 비율
- 주요 주주 구성 소개
- 증권사별 애널리스트 투자 의견
- 개인 투자자 커뮤니티

5. 인도브랜드자산재단 India Brand Equity Foundation

www.ibef.org

인도브랜드자산재단 상세 화면 예시
(INDIAN ECONOMY ▶
Economic Survey 2021-22)

제공 정보

- 인도 경제(GDP, 수출입, 정부/민간 투자 규모 등) 전망
- 인도 주요 경제 정책, FDI 관련 뉴스
- 인도 주요 산업별 분석(시장 규모, 수요 전망, 경쟁 환경, 정책 등)

6. 인도투자진흥원

www.investindia.gov.in

인도투자진흥원 상세 화면 예시
(OPPORTUNITIES ▶ BFSI-Fintech)

제공 정보

- 인도 주요 산업별 분석(수요 전망, 시장 규모 등)
- 산업별 FDI 관련 뉴스
- 인도 지역별 투자 진행/예정 프로젝트 소개
- FDI 관련 정부 가이드라인 및 인센티브 소개

7. 포트폴리오 비쥬얼라이저

www.portfoliovisualizer.com

포트폴리오 비쥬얼라이저 상세 화면 예시
(Backtest Portfolio-Analyze Portfolios)

제공 정보

- 주요 지수, ETF, 주식, 펀드 기간별 수익률(월별, 분기별, 연도별 조회 가능)
- 각 자산의 연평균 수익률(CAGR), 변동성 대비 수익률(Sharpe Ratio), 연 최대수익/손실, 표준편차(변동성, Standard Deviation)

8. 월드뱅크

www.worldbank.org

월드뱅크 상시 화면 예시
(UNDERSTAND POVERTY ▶ By Indicator)

제공 정보

- 국가/연도별 GDP 성장률
- 국가/연도별 물가상승률
- 국가/연도별 외국인 직접투자(FDI)
- 국가/연도별 GDP 대비 외국인 직접투자 비율
- 각종 Macro Data

MEMO

MEMO

MEMO